高齢者の資産と生活を守る！

信用金庫の挑戦

城南信用金庫／編集

ビジネス教育出版社

はじめに

人口に占める65歳以上の高齢者の割合が21％を超える状態を「超高齢社会」といいますが、日本は「超高齢社会」を迎えてからすでに10年以上経過し、その割合は今後も上昇しつづける見込みです。

協同組織金融機関であり、地域密着型の金融機関でもある信用金庫は、「地域のために尽くす」という基本理念を持っていますので、何が地域の人たちを助けることになるか、高齢者を支えるためには金融機関としてどんなサービスが最適かを常に考えています。

一方、地方銀行・信用組合も含めた地域金融機関は、少子高齢化の進展と超低金利・マイナス金利が長引く状況のなかで、収益改善の見通しを立てられず、苦境のまっただなかにあるところが大多数となっています。

城南信用金庫は、超高齢社会において、高齢や病気の理由で店舗に来店できないお客さまの金融取引への不安を解消し、安心して取引いただくための商品として、数年前から高齢者向けサポートを始めています。

本書では、お客さまを認知症の不安から守るために当金庫が始めた13のサービス「いつでも安心サポート」、および品川区内に店舗を持つ5つの信用金庫が連携した「しんきん成年後見サポート」の取組みを紹介することに、多くのページを割いています。

また、それに先立つ第1章では、「しんきん成年後見サポート」の後見スタッフとして活動している2人の体験談を掲載しています。

当金庫では「成年後見制度」「家族信託」「遺言」の3つを上手く組み合わせることにより、高齢者の最適な財産管理が行えるものと考えていますが、「いつでも安心サポート」「しんきん成年後見サポート」ともに、その考えに基づいて設計された商品・サービスです。財産管理だけでなく、見守りや買い物支援など、高齢者の暮らし全般にわたるお手伝い、いわゆる身上監護（非金融サービス）にも取り組んでいます。まさに、高齢者に寄り添い、ともに歩む金融機関であると自負しております。

「成年後見制度」は現状では十分に内容が理解されていない面もあり、一部で不正・悪用されていることもあって普及が遅れていますが、超高齢社会での重要度は増す一方です。そこで、第4章ではこの制度を正しく理解していただくために、統計数値も引用してできるだけかみくだいて解説しています。やや専門的な側面もありますが、参考にしていただければ幸いです。

地域に根ざした金融機関にとって、高齢のお客さまが将来にわたりずっと安心して暮らしていけるための支える存在となることは、最優先課題といっても過言ではないと思います。本書がその一助となれば、これに勝る喜びはありません。

2020年(令和2年)4月

城南信用金庫 顧問

吉原 毅

目　次

Contents

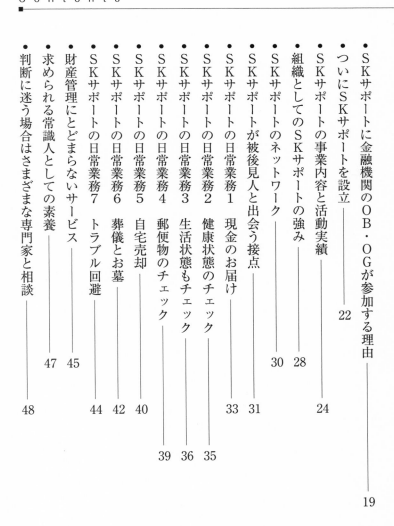

第３章　城南信用金庫　高齢者サービスへの取組み

Contents

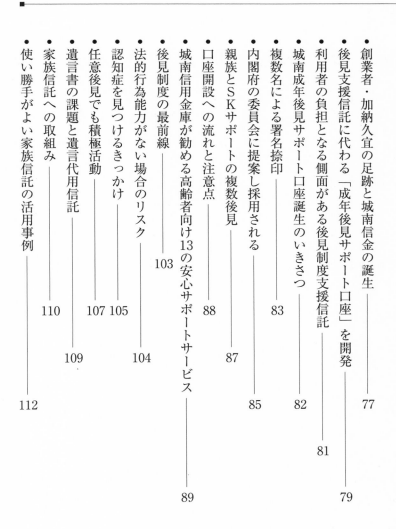

第4章　後見制度の基礎を知る

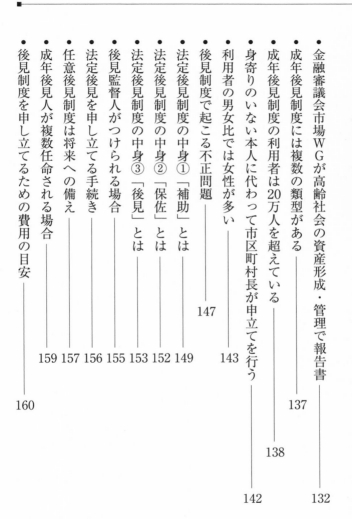

第5章　全国の高齢者が安心して暮らせる社会を目指して

第1章
ＳＫサポート後見スタッフの日常業務

2時間かけて会いに行く

夏のある日のこと、本村さん（男性）と瀬田さん（女性、ともに仮名）が五反田の城南信用金庫本店内にあるしんきん成年後見サポート（ＳＫサポート）事務局に戻ってきました。「今日は、片道2時間近くかかりましたが、高崎の近くまで行ってきました」と、事務局スタッフに報告しています。２人とも、ＳＫサポート後見人活動を担っている人たちです。

ＳＫサポートとは、品川区に店舗を持つ5つの信用金庫すなわち、さわやか信金、芝信金、目黒信金、湘南信金、城南信金が共同で立ち上げた、わが国初の成年後見事業を行うための法人組織のこと。２人は品川区を中心に活動しているＳＫサポート後見人ですが、なぜ高崎近くまで出かけるのか、意外に思われる読者もいるでしょう。

実は2人が今、担当しているTさんはもともと品川区在住でした。ところが、軽度の認知症を患い、区内では入所先を見つけることができなかったため、今は高崎近くの施設にいます。そのTさんに会うために月に1回のペースで、２人は足を運んでいるのです。

月に1回会うと言っても、身体介護はできません。２人ができるのは身上監護に限られます。それでも、やるべきことはたくさんあるといいます。具体的には、後見支援が必要となった高齢者（被後見人）の住居の確保や生活環境の整備、施設等への入退所の手続きや契約、入院の手続きなどがあります。

これら各種手続きなどが彼らの仕事になります。とはいえ、まず健康面での確認が基本です。Tさんの場合、コミュニケーションはまだとれますので、買ってきてほしいものを頼まれることもあります。

本村さんと瀬田さんともに金融機関のOB・OGで、現在、SKサポート後見人として活動を続けていますが、男女一組のペアで動くことが基本です。男女のペアで動くのには理由があります。お金に関しては相互にチェックしますので、不正ができにくい仕組みになっていること。また、ほぼ全員信金OB・OGですからお金の管理にはなれています。何より男女のペアで動くと、相手の表情がなごみ、受け入れてもらいやすいのです。

それぞれ数人の被後見人を担当していて、健康面での確認、お金の管理のほか、日常生活全般での相談ごとにこまごま対応しています。生活環境の整備といっても、その線引きはむずかしいところがあります。2人は自分たちができることは率先して対応することに決めています。時間あたりのコスト計算をしていては、決してできないことでしょう。

たとえば施設では、入所者の衣類の世話まではしてくれません。夏用・冬用の衣類、下着類の衣替えの面倒まではみてくれません。本来は、家族に対応してもらうところですが、SKサポートのサービスを受けている高齢者は、単身者が多くいらっしゃいます。また家族がいても、身上監護は断られてしまう人が少なくありません。このような被後見人にとって、SKサポートのスタッフはかけがえのない存在になりつつあります。なかには掃除機の購入を頼まれたり、電気こたつを買いに走るということもあります。

東京近郊まで足を運ぶこともある2人ですが、活動の対象で中心となるのは品川区在住の高齢者です。自宅にいる対象者に会いにいく場合は、月に一度というわけにはいきません。「自宅の方の場合は、月に2、3回ぐらいが普通です」と本村さん。一人暮らしが多い被後見人は、いつも誰かがそばにいるわけではないので、何かあったときのことが心配になるという背景もあります。

もちろん、外部から情報機器を通じたさまざまな見守りサービスを利用している被後見人の方たちも少なくありません。ただし耳が不自由な単身者の場合、その案内なり警告音（光）に即応できないこともあるのです。ヘルパーを含めて、数日に一度は誰かが訪れているに違いないのですが、SKサポート担当者としては本人の健康状態が気になります。単身者の場合の自宅訪問回数は多くなります。

瀬田さんによると、今一番困っていることは、服薬管理と補聴器の電池充電問題です。

本人に聞いても、「今日、薬を飲んだかどうか思い出せない」というケースが少なくありません。

また補聴器の場合は、電池を通電状態にしておくと、2、3日で切れてしまう場合があります。電池を買ってきて交換方式を教えても、本人だけではうまく交換できないこともあります。補聴器がないと会話ができないケースもあるため、補聴器の電池がきちんと交換されているかどうかは、重要です。

さらに公共料金の支払い、あるいは郵便物のチェックも、SKサポートの重要な仕事です。「公共料金の場合は、金融機関での自動引き落としに変えてもらいます」と、本村さんは語ります。電気、ガス、水道、それにNHK受信料、税金関係も自動引き落としにできるものは、そうしてもらうようお願いしています。

郵便物については、被後見人はしっかり目を通していないことが多くみられます。健康保険関係の書類など、可能なものは自宅ではなく、SKサポートの事務局に届くようにしてもらっています。ただし民間企業、たとえば生命保険会社からの請求書、あるいは給付金のお知らせのような書類は、SKサポート事務局に変更したいと思っても、本人自身がどの保険に入っていたかの記憶が定かでないケースもあることから、自宅を訪問した際の郵便チェックは欠かせない作業となります。

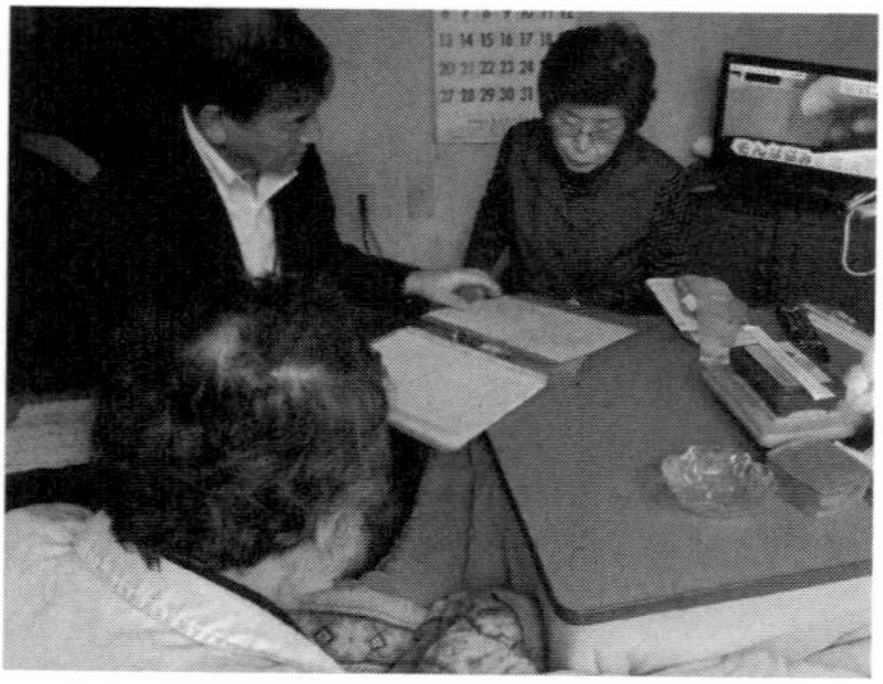

男女ペアでご自宅を訪問

「調べたところ、終生給付される生保契約が1件あり、去年の分をもらっていなかったことがわかりました。100万円以上になりました。ご本人だけだと、どうにもならなかった事例です」（本村さん）。本人はその保険に入っていたことすら、忘れていました。

だから、自宅訪問は30分で「はい、さようなら」とはいきません。また、被後見人と郵便物をくまなくチェックさせてもらう関係となるのにも、簡単にはいきません。

本村さんは、「特にさまざまな支払い関係の話までいくのには、時間がかかります」といいます。たとえば、長期入院を余儀なくされた人の場合、後見人の仕事として最終的には自宅を売却して入院費を捻出するケースも出てきます。

後見スタッフとしてのやりがい

ＳＫサポートのスタッフは後見人の仕事に大きな負担を感じていないのでしょうか。

こういう仕事をしていると友人に話すと、「自分の親の面倒をみるのも大変なのに、よくやるわね、と呆れられます」と瀬田さんは語ります。一方で確かに、楽な仕事とはいえないものの、2人は、やりがいと充実感を感じていることがわかります。

「高齢の被後見人の方たちに接していると、その人の人生の重みのようなものを感じて、尊敬の念を抱くこともあります。いずれ自分もそうなる（高齢になる）ので、勉強にもなります。そして最後の数年間を一緒に歩むつもりで臨んでいます」と瀬田さんは静かに語ります。

なお、ＳＫサポートは法人として後見人となっています。スタッフ個人が後見人になっているわけではありません。

品川区の場合には、品川区社会福祉協議会が年に2回、市民後見人養成の研修を行っています。講習会では、分厚いテキストに沿って、後見人として必要なさまざまなことを学ぶことになります。研修を終えると品川区から修了証が授与されます。講習会では、関連企業のスタッフも含めてそれなりの人数が集まるのですが、実際にその後、後見スタッフとして残る人はひと握りにすぎません。

ＳＫサポートの場合、現在、後見担当者として、活躍しているのは16人。このほかに、事務局に９人。合計25人で活動しています。

事務局には後見スタッフが常駐しているわけではありません。後見スタッフの月平均勤務日数は、多くて10日ほどで、多忙をきわめるというほどではありません。一方で、事務局は何かと忙しいのです。土日、祝日を含めていつどんな連絡が入るのかわからない面があるからです。被後見人の健康状態が急変する、あるいは亡くなるということもあります。なかには、葬儀の手配を早急にしなければならないケースもあります。このため、事務局スタッフは、３６５日24時間連絡がつくようになっています。

自宅売却で発揮される信金のネットワーク

後見スタッフが判断しなければならないテーマの一つに、財産管理の問題があります。たとえば、自宅以外に資産のない被後見人の場合、介護費用、入院費用などがかさんでくると、自宅売却を検討しなければならないケースもあります。リバースモーゲージという方法もあるのですが、認知症などになった方が借入れを行うのはきわめて困難であり、売却に比べると手元に残るお金の額は少なくなります。

被後見人の自宅売却といっても、後見人の判断だけで動くわけではありません。まず、後見監督人（155ページ参照。すべての後見人に後見監督人がつくわけではありませんが）に対して、こういう理由があり、こういう形で売却したいとの申請書を提出します。ここでOKをもらい、最終的には家庭裁判所の許可が必要となります。この一連の手続きを経て、ようやく被後見人の自宅売却ができるようになります。

ただし、ここからのスピードは速いものがあります。SKサポートは、信用金庫がバックについているという事情もあるため、不動産業界とのパイプも大きいものがあるからです。家族などが後見人となった場合は不動産には素人の方が多いため、こうはいきません。このあたりの対応はＳＫサポートならではの確実さとスピードが生かされます。

「当然、複数の不動産会社から見積りを取り、最も高く見積もってくれたところに売却します」と本村さんはいいます。

ただし、自宅売却がいつもスムーズにいくというわけにはいきません。たとえば、自宅売却には土地の権利書が必要（ない場合の売却も可能ですが、手続きが面倒）です。でも、当の本人は権利書をどこにしまったのか、わからないケースがあります。なかには、信金の貸金庫に預けてある人もいますが、そうでないケースは、ＳＫサポートのスタッフが自宅をくまなく探すことになります。

「記憶が定かでない場合、自宅の中を探しまわるのにひと苦労します」と本村さん。

またある被後見人は、その週末に参議院選挙があるので、本人の意思を確認すると、選挙には行きたいとのことです。

以前は成年被後見人には選挙権がなかったのですが、法律改正で平成25年7月1日以後の選挙については、選挙権・被選挙権を持つことになりました。

このため、不在者投票を含めて被後見人が投票を行えるよう、努力義務が後見人に課せられることになりました。

後見スタッフとしては、本人から「選挙に連れていってほしい」と頼まれると、できるかぎり本人の希望に沿うよう行動することになります。「本人の権利ですので、私たちは同行して投票所の入り口までお連れしますが、中には入れません」（瀬田さん）。後見スタッフの仕事は、本人の希望に沿った細かな作業の積み重ねであることがわかります。

親族がいない被後見人が亡くなったときには、「お骨を拾うところまでお付き合いさせていただきます」（瀬田さん）。後見人としての仕事は、これまで信託銀行などが行ってきた単なる財産管理とは異なり、お金の管理だけでなく総合的な身上監護になっています。

信頼できるSKサポート後見人

令和時代の日本にとって高齢化は避けて通れない道です。昭和までの日本は大家族で暮らしていました。だから家族の中で認知症になった高齢者がいても、家族が支えて問題を解決していました。またかつては、隠居という制度があり、財産権を子どもなどに譲るという制度もありました。けれども、現代の日本では単身で暮らす高齢者が多いだけでなく、二人世帯の高齢者も多く、今後の単身高齢者予備軍となっています。

認知症を患い、まわりにサポートしてくれる人がいなかった場合、高齢者はどうしたらいいのでしょうか。特に金融機関でのお金の引き出しや入金、あるいはさまざまな手続きがうまくできなくなることは目に見えています。高齢者で後見人の支援を必要とする人は増えていくことになります。

「信用金庫時代に体験したことですけど、金融機関そのものを間違えたり、通帳や印鑑を忘れる高齢者の方が、けっこういらっしゃいます」（瀬田さん）という現状があります。

成年後見制度は、２０００年（平成12年）に介護保険制度のスタートとともに生まれました。この成年後見制度は、判断能力が不十分な方のために、被後見人を支えてさまざまな契約を結んだり、財産を管理していくものですが、裁判所が決定する後見人には、親族、あるいは司法書士や弁護士など法律の専門職というケースが多くあります。

ただし、それぞれ問題を抱えています。子どもなどの親族の場合、被後見人との信頼関係があって安心な一面で、一人後見人が多く各種手続きなどの負担が増えるほか、他の親族との関係から遺産相続での争いに発展するケース、あるいは後見人が被後見人の財産を使い込むケースもあります。

一方、専門職が後見人となった場合は、当然、それなりの報酬が発生します。さらに親族と異なり、被後見人への訪問回数も限られるので、身上監護がおろそかになる可能性があります。

さらに現状の成年後見制度を悪用して被後見人の財産を流用したり、資産の一部を奪ってしまうケースも出てきて、社会問題化しています。

その点、ＳＫサポートのスタッフは、一般の専門職後見人とひと味もふた味も違うところがあります。それは常に２人１組で行動するため、相互牽制がきいていることです。「少ない現金の出し入れでも、必ず相互チェックしていますから不正のしようがありません」（本村さん）。さらに彼らはもともと信金ＯＢであるため、顧客の現金の取扱いにはなれています。後見事業にはうってつけの信頼できるスタッフです。

現金の出し入れはダブルチェック

ＳＫサポートが行っている後見人サービスはリーズナブルな料金で、親族同様の親身な身上監護を実践している組織として、いま全国の金融機関や介護ビジネス関係者の注目を集めています。７００万人にも達すると言われる認知症予備軍を含めた被後見人を支えていく有効な仕組みとして、全国に広まっていく可能性があります。

第2章
しんきん成年後見サポート（ＳＫサポート）の展開

超高齢社会で高まる財産管理と身上監護のニーズ

超高齢社会の急速な進展に伴い、認知症等により判断力が不十分になる方々が増加しており、こうした方々の生活や財産を保護する成年後見制度への期待が高まっています。今一番大事なのは超高齢社会への対応ということです。日本は世界に冠たる超高齢社会です。しかし、高齢者の方々が安心して、幸せに暮らしているかといえば、必ずしもそうではないようです。

お客さまに聞いてみると、「実は、私は一人暮らしで困っている。資産はあるのだけれど、認知症になってお金を誰かに取られてしまったらどうしよう。城南さんで財産を預かってくれたら、安心なのだけれど」というお話が相次ぎます。

そこで、現・しんきん成年後見サポート理事長である吉原毅は考えました。高齢者に安心して財産管理や身上監護サービスを提供するにはどうしたらいいのかと。信用金庫自体ではしんきん成年後見サポート（以下、ＳＫサポート）で扱うような、さまざまな成年後見活動はできません。また信用金庫が財産を預かったら、すでに預金をしていただいているので利益相反になってしまいます。そこで、別法人を作る必要がありました。

何か方法はないかと思ったら、世の中には後見制度というものがある。後見制度とは何かというと、高齢者の方々の財産管理と身上監護を行って高齢者の生活を助ける、まさにこれだと思いました。そして、後見業務を法人として立ち上げられないかと考えました。

参考にした先進的な品川モデル

参考にしたのが品川区社会福祉協議会(以下、社協)が進めている活動で、「品川モデル」と呼ばれています。社協では、成年後見についての相談受付から家庭裁判所への申立て、さらに具体的な後見活動の実施までを一括して行っています。それだけでなく、社協が自らつくった成年後見人の育成プログラムをもとに講座も開き、市民後見人を育てています。さらに個人だけでなく、NPO法人として活動している市民後見人も傘下に置いて、連携しながら成年後見の仕事を行っています。内閣府とも連携・協力して進めており、まさに全国でもトップクラスの先進的な成年後見活動を実践しています。これが「品川モデル」と呼ばれるものです。

われわれが2015年にSKサポートを立ち上げる際に、参考にさせていただいたばかりでなく、社協からはさまざまな支援や協力をいただきました。

社協は、元品川区職員だった齋藤修一さんが先頭に立ち、リーダーシップを発揮して推進されてきました。齋藤さんの尽力と、それを支える組織が協力しあって、今日に至っています。

いまもさまざまな形で社協とは協力関係にあります。たとえば成年後見活動には、後見監督人を必要とする場合があります。SKサポートのような一般社団法人が後見人になるにあたって、社協に後見監督人になっていただく場合が少なくありません。後見業務を進めるとき家庭裁判所へ、SKサポートが後見するだけでなく社協に後見監督人になっていただきますと申請するわけです。SKサポートも、社協もそれぞれ後見活動に欠かせない多様な専門家とのネットワークがあります。これを強くアピールして実績をつくってきました。

SKサポートが後見活動をする場合だけではありません。協力関係にあるNPO法人が後見人となる場合もそうです。いわば社協とパッケージにしたものを家庭裁判所に認めていただき、実績を積んできました。これも品川モデルの特徴のひとつでしょう。

内閣府や裁判所としても、このモデルを全国に普及させたいとの意向を持っているようです。しかし、地方の多くの社会福祉協議会はそこまで十分には対応できていない、というのが実態です。品川モデルをぜひ、全国の社会福祉協議会に広めていきたいと思います。

ＳＫサポートに金融機関のＯＢ・ＯＧが参加する理由

成年後見を進める法人には、金融機関ＯＢ・ＯＧの方々に働いていただこうと考えました。なぜかというと、まず金融機関で働いていた人たちは、多額の現金を普段から取り扱っていたので、公私の別を明確に分けて仕事をしてきた経験があります。１円たりとも公私の別を明確にしないと金融機関では勤めあげることはできません。

ですから、金融機関の職員として定年まで勤めた方は、基本的に信頼できるわけで、高いディシプリン（規律）を持った方々です。

２つ目に金融機関の仕組みですが、金融機関は、たとえば預金通帳と印鑑を一緒に預からないことになっています。お金を扱う場合には必ずダブルチェック、またはトリプルチェックを行います。お客さまの現金を預かっても公私混同が起きないような二重・三重のチェックができています。その仕組みを利用して、金融機関の相互牽制システムを使った成年後見法人を作れば、現金をめぐる事故は起きないといえます。これこそ成年後見の問題点を解決する最適な道だと考えました。

一方で、親族や弁護士などの後見人が財産を不正使用する事件が多発しており、私たちは信用金庫に奉職する者として、何とかお役に立つことはできないものかと考えていました。金融機関から見ると、こうした不正が起こるのは、財産管理について知識や経験のない親族や弁護士に、「個人として」他人の金銭を管理させるためです。

成年後見業務は、被後見人の通帳や印鑑、キャッシュカードの保管、預金の払戻しや現金のお届けなどを行います。これを親族や弁護士・司法書士、市民などの個人が、第三者のチェックや牽制機能もなしに行っているのが実態で、不正や事故につながりやすい面があるわけです。

これを防ぐには、金銭管理について長年の経験のある金融機関が成年後見に積極的に関与することです。そして金融機関出身の人材や組織、ノウハウを活用し、「組織として」成年後見を行うことが必要だと思いました。

そこで、財産管理のプロである金融機関が成年後見法人を設立し、ダブルチェックなどの金融機関のノウハウを生かした厳正な財産管理を行うことが望ましいと考えました。

　そこで各信用金庫のＯＢ・ＯＧに声をかけました。すると、すぐに手を挙げていただいた方が何人もありました。こうした方々は、「地域へ恩返しをしたい」という社会貢献意識がきわめて高いのです。また、長年にわたり誠実に金融に携わってきた人たちで信頼がおけます。法律や金融実務の知識も豊富です。渉外活動の経験もあり、誰にでも親身に対応するなど、成年後見業務を担当するうえでは、まさに最適なキャリアを積んだ方々ばかりです。

　こうした発想から、２０１５年1月、東京・品川区内に店舗を保有する５つの信用金庫（さわやか、芝、目黒、湘南、城南）が一致協力し、〝わが国初の金融機関による成年後見事業〟の法人として、「一般社団法人しんきん成年後見サポート」（ＳＫサポート）が設立されました。

ついにSKサポートを設立

現ＳＫサポート理事長は、元城南信用金庫理事長で現顧問の吉原毅が務めています。吉原は、ＳＫサポート設立に参画した一人です。吉原はＳＫサポート設立前に、さわやか信用金庫の名誉顧問で社協の会長（ともに当時）も務められ、地域の社会福祉に大きな貢献をされた石井傳一郎さんのところに相談に行きました。すると石井さんは、「城南信用金庫がそういうことをやるのは大変すばらしい。ついては、城南だけでなく他の信用金庫にも呼びかけてはどうですか」とアドバイスしてくれました。

そこで、石井さんと一緒になって品川区内に店舗を構える5つの信金に呼びかけ、また社協などの関係機関の協力も得て設立にこぎつけました。そして、これらの信用金庫で働いていたＯＢ、ＯＧの方々に中心となって仕事をしていただく、そういう形でスタートしました。石井さんには、設立時のＳＫサポート会長に就任していただきました。

石井さんが名誉顧問を務めていたさわやか信金は、長年、地域貢献や社会福祉に取り組んできた信金です。たとえば、一人暮らしの高齢者の自宅にお弁当を届けるサービスも展開しています。これまでの業界常識に縛られない発想で社会貢献活動に取り組んでいます。

●図表２－１　ＳＫサポートの概要

設　立	平成27年1月21日
事業内容	1．成年後見人、保佐人および補助人ならびに任意後見の受任 2．成年後見制度に関する相談およびセミナー実施 3．高齢者や障害者への生活支援活動 4．高齢者や障害者の福祉の増進を目的とする活動 5．地域社会の安全と健全な発展および環境保全を図る事業 6．その他目的達成のために必要な事業
主な活動内容	1．成年後見制度についての説明およびご相談 2．任意後見についての説明およびご相談 3．法定後見の受任 4．任意後見契約書の作成支援および任意後見人の受任 5．委任契約書（見守り・財産管理）の作成支援および委任の引受 6．家族信託契約書の作成支援 7．遺言執行者の受任（遺言書に指定された場合） 8．その他関連業務
設立時正会員	さわやか信用金庫、芝信用金庫、湘南信用金庫、城南信用金庫、目黒信用金庫（五十音順）

組 織 図

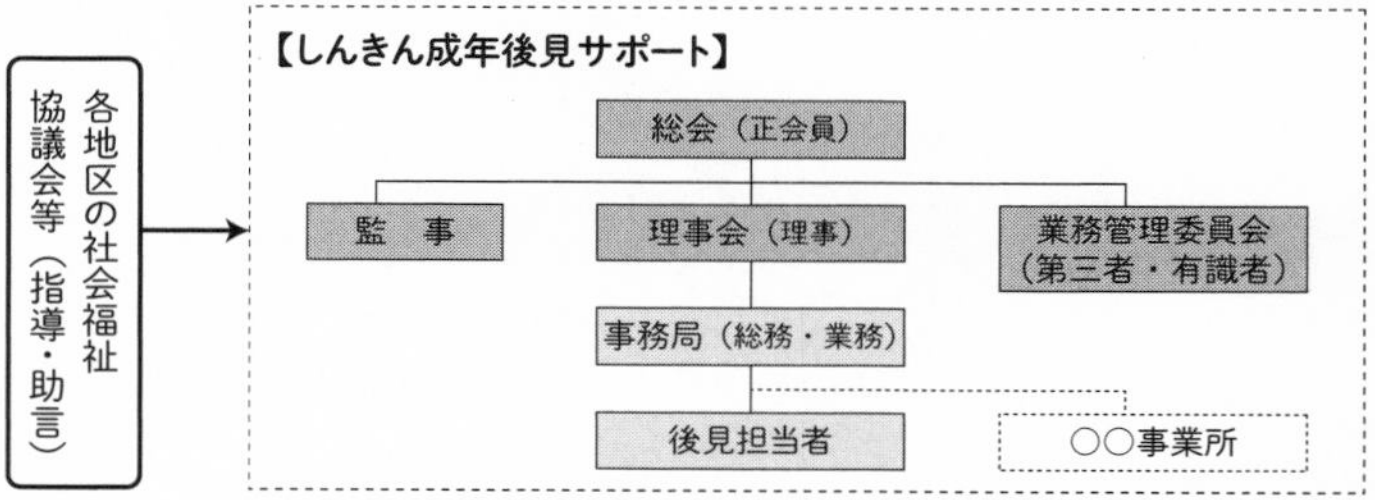

ＳＫサポートの事業内容と活動実績

ＳＫサポートとしての事業の柱は成年後見人、保佐人、および補助人ならびに任意後見人の受任です。基本的には、成年後見に関する相談の受付から家庭裁判所への申立て、後見の実施までをワンストップで行う「品川モデル」を組み入れていますので、その枠組みの中で受任しています。

具体的な流れとしては、まず品川区内の民生委員や地元住民等から要支援者等について区への通報があり、その方々の中に成年後見制度による支援が必要な方がいると、品川区長が「市区町村長申立て」により家庭裁判所に成年後見の申立てを行います。その後見人をＳＫサポートが受任し、後見監督人として、品川区社会福祉協議会が就任するといった形で動いています。

スタッフは、基本的には、信用金庫ＯＢ・ＯＧや、信用金庫をこれから退職される方に、自治体や行政が行っている「市民後見人養成講座」を案内し、そちらで勉強してもらった方に後見スタッフになっていただいています。

品川区では、品川区社会福祉協議会が毎年1回養成講座を開催していますが、それだけ

後見スタッフ講習会の様子

では足りないので、社協にご協力いただき、ＳＫサポート主催でも開催することにより、年２回、各30時間の養成講座を行っています。すでに50名ほどが受講しています。金融機関のＯＢ・ＯＧは民法等の知識は十分であり、講座内容の修得は容易です。

現在、16名いる後見スタッフのうち、12名が信用金庫のＯＢ・ＯＧです。また、その他のスタッフも全員が金融機関に何らかの関係を持っており、金融機関にまったく関係のない者はいません。というのも、ＳＫサポートの業務には、信用力や金融機関ならではのお金に対する感覚が必要になってくるため、金融機関にゆかりのある方に限定してご協力をいただく形をとっているからです。「金融機関が作った成年後見をサポートする組織」というのが、安心して任せていただくための大事なブランド力になっています。これまで品川区長の申立てにより、27名の方々を法定後見人として受任した実績があります。

こうした直近のＳＫサポートの活動実績は図表２−２のとおりです。任意後見が多く、

●図表２－２　ＳＫサポートの活動実績（2020年３月末現在）

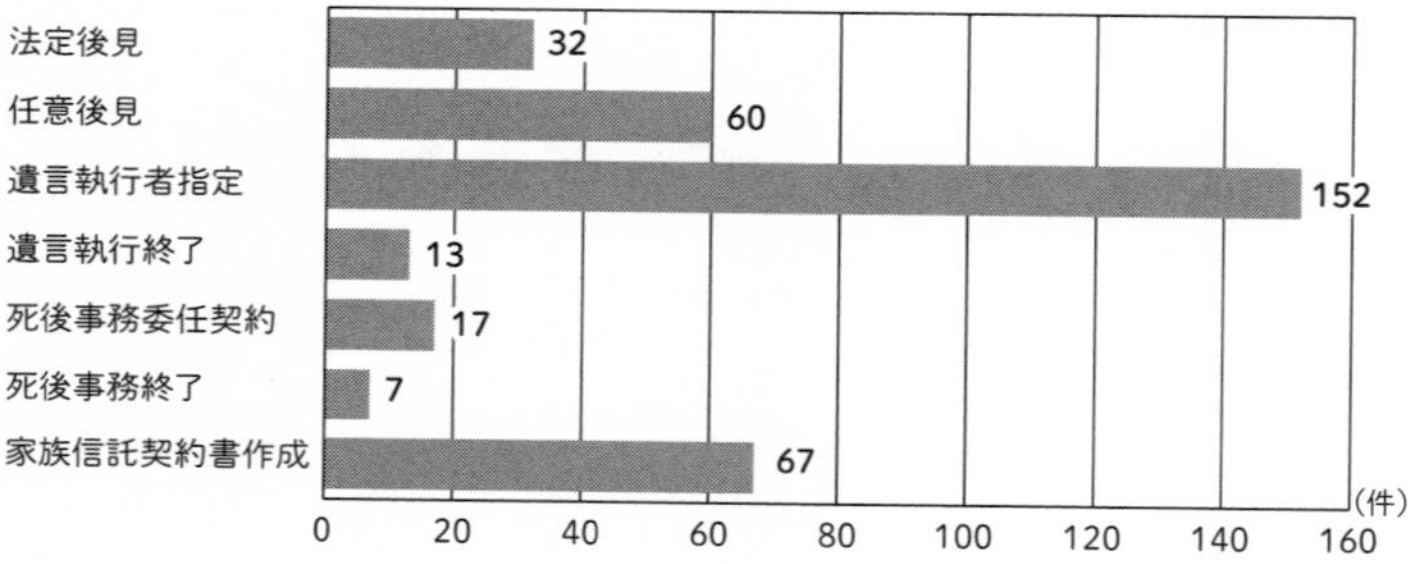

家族信託契約書作成や法定後見も増えています。遺言執行者指定が特に多くなっています。

後見スタッフは、後見制度を適切に運用していくため、原則として月１回は被後見人がいる自宅や施設に訪問し、面談をしています。まず、男女２名の後見スタッフが訪問して面談し、被後見人と親しくなることから仕事が始まります。男性だけでなく女性の担当者がいることで、被後見人はすぐに笑顔になり、打ち解けていただけます。

日々の生活に必要な現金を届けたり、生活状況や困りごとの有無などを聞き、ケアマネジャーやヘルパーと情報交換をするといった基本的な活動のほか、お弁当宅配サービスを付けたり、ヘルパーに依頼して部屋を掃除してもらったり、薬をちゃんと飲んでいるかの確認をしたりすることもあります。さらに、菩提寺に永代供養の申込みに同行したり、施設を転居する手伝いをしたりすることもあります。

後見スタッフが現場で実施した業務の内容や、被後見人の様子は、その日のうちに事務局へ報告するとともに逐一記録に残しています。

成年後見制度の利用の促進に関する法律に基づき策定された成年後見制度利用促進基本計画の中に、社会福祉協議会を中心に成年後見を進めていく旨の内容が含まれています。

おそらく「品川モデル」のようなパターンは、今後、全国に普及していくと思われますので、今後も「品川モデル」をさらに発展させ、ＳＫサポートとしても、すべての高齢者が安心して暮らせる社会の実現の一助となるよう、取り組んでいきたいと考えています。

京都での講演の様子

たとえばＳＫサポートの後見活動を広く知っていただくため、声がかかれば可能な限り講演活動などをお引き受けしており、全国各地で講演活動を行っています。これも、成年後見制度の普及のための活動です。

組織としてのＳＫサポートの強み

成年後見業務については、個人として引き受けていらっしゃる方もいます。ただしこれを受任することは、そう簡単な仕事ではありません。また、個人では相互牽制が働かないため、事故防止を図ることがむずかしいといえます。また個人では、専門的な知識や経験、人脈が不足するため、想定外の事態に対処できないことがあります。さらに自分が病気になっても休めず、24時間・３６５日対応しなければならないという事務負担や重責がありますｌ。これらを軽減するためにも個人ではなく、法人として対応することが重要なのです。

後見制度を調べてわかったのは、たとえば、後見制度には親族後見人、そして専門職後見人が多いことです。これ以外に市民後見人という方たちもいます。それぞれがみんな問題点を抱えています。

まず親族後見人ですが、身の回りの世話をする、身上監護という点ではいい面がありますが、親族というのは親の財産がいずれは自分のものになる、と思っています。自分のために使ってしまおうということもありえます。また、兄弟間で取り合いになってしまうこともあります。あるいは、悲しい話ですが、親の年金を自分たちの生活費に流用してしまうことも現実に起きています。親子だから甘えが生じるという面もあります。その結果、高齢者に対する経済的虐待という問題もあり、親族間では利益相反にもなるので、むずかしい面があります。

専門職後見人は、弁護士や司法書士は法律の専門家ですから一見安心できそうですが、世の中のいろいろな事件を見ますと、優秀な方々なのですが、一方で忙しいこともあって、多額な報酬を要求する面があります。何億円もの多額な資産を持っている人の後見人なら月7～8万円の報酬をとって引き受けるけれども、忙しいので実際に訪問するのは数か月に1回。しかも、財産管理をきちんと行っているかと言えば、時には預かっているお金と自分のお金を混同してしまうケースもあります。個人でやっていますから、残念ながら公私混同ということも散見されます。

さらに市民後見人の場合はボランティアでやっている〝よい方〟が大多数なのですが、中には〝よい方でない方〟もいます。また、市民後見人として一人で後見業務を引き受けると、何かと事務処理が大変という問題もあります。

ＳＫサポートでは、被後見人を訪問する時には、必ず男女ペアの複数で活動します。同時に現金の授受を相互に確認することで牽制を図っています。

残高確認作業

さらに被後見人の通帳やキャッシュカードなどの現物管理は本部スタッフが行い、耐火金庫に厳重に格納するとともに、監査スタッフが毎月残高確認を行います。多額の資金を管理する口座には、一人では支払えないよう複数印鑑を登録しています。現金管理も一人ではできないよう複数鍵で管理しています。

このように、金融機関の事故防止のノウハウを活かした事務処理体制を整備しています。

ＳＫサポートのネットワーク

ＳＫサポートでは、法務省で長年活躍してきた成年後見業務の専門家や、自治体で社会福祉行政に携わってきた専門家に加え、金融業務の経験豊富な信用金庫のＯＢ・ＯＧがチームを組みます。その結果、キャリアの違いを活かしたさまざまな観点から問題を分析することができます。会員としてＳＫサポートを支える各信用金庫を通じて、地域の病院、警察、企業、弁護士など幅広いネットワークで問題を解決するため、スピーディで的確な対処ができます。

後見スタッフは、業務を超えた「家族のような親身なお世話」を心がけています。また、夜間や休日などに病院や施設から緊急連絡を受ける際は、特定の管理責任者が受けることで、24時間３６５日の支援体制を整備しています。これは後見担当者個人が３６５日の負担をせずにすむことを意味します。後見スタッフが病気などの時は、他の担当者に依頼することも可能であるなど、組織として成年後見を行うメリットは大きいものがあります。

ＳＫサポートが被後見人と出会う接点

支店の窓口で認知症、成年後見などについて相談を受けた場合は、ＳＫサポートの事務局につないで対応しています。

後見が必要な人との接点は、区からの依頼と、加盟５金庫の窓口経由の場合があります。品川区の場合は、高齢者向けの催しや会合の際にＳＫサポートの紹介をすることもあります。

後見担当者ミーティング

ＳＫサポートの強みは、人生経験豊富なスタッフが、さまざまなケースに応じて判断し、対応できるという点でしょう。しかも一人で決めるのではなく、二人ペアで動くので、事務局とも相談しながら最善の方向を目指せます。品川区には市民後見人がかなりいますが、社会福祉協議会の支援はあるにしても、自分一人で判断しなければならず、大変です。品川区は品川モデルと言われるように、後見制度対応ではトップレベルですが、一方で高齢者を受け入れる施設数はかなり少ないのが実態です。ソフトは充実しているけれども、施設のハード面は不足していると言えます。

私たちが法人であるＳＫサポートとして受任している後見の場合は、例外なく、品川区社会福祉協議会が後見監督人となります。ＳＫサポートの事務局は毎月、社会福祉協議会に報告し、種々打合せを行っています。定期的に全体会議を開き、情報交換を行っています。

また後見担当者たちのために、定期的にミーティングの場も設けています。そこでは日常活動に関する意見交換や、疑問点があれば知恵を出し合うなど、後見活動のレベルを高める努力を続けています。

ＳＫサポートの日常業務１　現金のお届け

ＳＫサポートの日常業務にはいろいろありますが、基本は、被後見人への訪問です。お客さまである被後見人は、男性も女性もいます。男女ペアで行けば、高齢者は心がなごみ、安心してもらえます。お金を扱うので、安全面でもメリットがあります。「言った・言わない」や思い違いを防ぐ意味でも事故防止につながります。

自宅に住んでいて、ＳＫサポートを利用されている高齢者の中には、コンビニにちょっと買物に行ったりすることはできるけれども、お金の管理に不安があるという方もいます。そういう方のために、ＳＫサポートでは、月に1度、自宅訪問する際に3万円ずつ届けるサービスを行っています。二人で行くので、「受け取った、受け取っていない」でもめる心配もありません。

お金を渡す際には、受領証をもらって帰ってきます。金融機関と同じやり方をとって、事故防止を図っています。

被後見人の方を訪問した帰りに事務局に寄って報告しますが、パソコンに入力し記録する内容はそれほど多くはありません。被後見人個人ごとにファイルが保管されています。領収書類も全部ファイルしてあります。

ＳＫサポートスタッフの仕事は、1月分の予定を事前に立てて事務局に報告し、なにもなければその予定に従って行動します。遠方に行く場合は直行し、帰りに事務局に寄って報告し、記録を入力します。言いっぱなしではなく、文書に残しておきます。事務局から指示やアドバイスを受けることもあります。

ＳＫサポートの日常業務２　健康状態のチェック

被後見人の方の健康状態の確認は、欠かせない日常業務です。月に一度、訪問した際に表情や会話からある程度のことはわかります。また介護サービスを受けている方であれば、生活全般を見ているケアマネジャーと情報交換することもできます。さらに主治医から、健康状態を確認することもあります。医師やケアマネジャーと後見人とでは仕事の内容が異なりますので、参考になります。

施設に入所している被後見人はあまり心配はありませんが、在宅の場合は部屋のようすを見ておかしなところがないか、確認します。一定のお金を渡していますので、そのお金が適切に使われているかも確認します。

病院での精密検査が必要となった場合には、病院に一緒に行くこともあります。さらに入院後、介護施設への入居が必要となった場合には、施設を探したりもします。

大変なのは相続人を調べるための書類収集が、個人情報保護の点からもむずかしくなっていることです。判明した相続人には、われわれが後見人になったことをすぐ連絡しています。勝手に動いているわけではないことを伝え、何かあれば事務局に連絡してほしいと言っておきます。また、後見人に医療行為の同意権はありませんので、万一の場合に備えて親族を捜しておかなければなりません。

ただし、こんな例もあります。先日のことですが、大きなイボができた被後見人がいました。医者の言うには、メスで切ると医療行為だが、液体窒素を使って取るのは医療行為ではなく処置にあたるということです。医療行為の同意ではないことを確認して、ＳＫサポートが同意する形でそのイボを取ってもらったことがありました。

ＳＫサポートの日常業務3　生活状態もチェック

片道2時間近くかかる施設でも、お会いする時間は本人の体調にもよりますが、特別な用件がなければ30分程度になります。

基本的には現場での仕事がメインですが、新たに担当した当初は、契約書作成のお手伝いや契約相手との交渉、ムダな経費を減らすために不用なものの解約手続きを行うといった事務も行います。それほどむずかしい事務ではないのですが、現場以外の事務もあります。

後見、保佐、補助のどれに該当するか、つまり認知症がどの程度進んでいるかの判断はＳＫサポートではできません。医師が行います。この類型は活動の拠り所とはなりますが、「この人は保佐だからこれ以上はやらない」ということはありません。症状は進みますから、そんなにきっちり分けられるものではありません。

区から、これを担当してくださいと事務局から引継ぎを受けて、現場で動くのはＳＫサポートのスタッフです。事務局はいろいろな事務をバックアップしています。取引金融機関もできるだけ絞ります。公共料金の支払いも、自動振替にできるものはそうします。そうすれば、報告する際にも通帳に記録が残ります。

また、後見や保佐、補助の担当になったことの登記は区が申請しますが、われわれが東京都千代田区九段の法務局に行って登記簿謄本を受け取ってきます。それに基づいて動いていくわけです。われわれが家庭裁判所に認められて後見業務を行っているということです。

ＳＫサポートが担当している被後見人の方で区の在宅介護支援センターの近くに住んでいる方は、入浴はそこで済ませています。このため、自宅の風呂場の修理や清掃といった心配はいりません。台所や家の中の他の調度類に関する不具合への対応は、ケース・バイ・ケースです。ご本人の生活のクオリティや資産の状況によっても違ってきます。

ゴミのかたづけ状態などもチェックします。ヘルパーやケアマネジャーが通っているのであれば、最低限ゴミのかたづけはできていますが、後見スタッフが初めて自宅を訪問した際によくあるのがゴミ排出が行われず、たまったままになっている場合です。テレビによく出てくるようなゴミ屋敷状態になっているケースはめったにありませんが、外部からの関与を受けてこなかった高齢者の場合は、ひどくなりがちです。

買物のお手伝い

さらに危険な生活をしていないかどうかもチェックしています。たとえば電気ストーブで衣類を乾かしている被後見人がいれば、高齢者が電気ストーブを扱うのは危ない面もあるので、電気コタツを買ってきてセットしてあげます。頼まれて掃除機を買ってきたこともあります。そこまで後見スタッフがするか、という話もありますが、やってくれる人は他にいないので、できる限りお手伝いしています。

風呂場や台所、エアコンなどの不具合があれば清掃・修理したり、新品を買ってきたりといったこともあります。家族と同じような気持ちでお手伝いしていると言えます。

住んでいる家の大きさや調度類などから、その家に合った健康で文化的な生活にふさわしい状態かをチェックします。いわば人間的な常識が問われる仕事でもあります。そういう常識で判断し、家族と同じような気持ちで親身にお世話する。そういう非常に大事な仕事です。これが身上監護の基本となります。

ＳＫサポートの日常業務４　郵便物のチェック

特に郵便物は、きちんとまとめておいてくださいと念を押しても、なかなか実行してもらえません。たとえば、生命保険会社の社名変更の手紙がきていたので取引があるのだろうと推測し、その生保に電話してみました。取引がない人でも、かつて取引していた人たちにも送っているのかと聞くと「現在生きている契約締結者にしか送っていません」と言います。別の生保ですが、現況届を兼ねた請求書もほったらかし状態でした。

固定資産税などの税金や公共料金の支払いもこまめにチェックしないと、支払漏れになってしまいます。健康保険証関係の書類は忘れると大変なので、事務局に届くように手続きしていますし、税金や公共料金も個別支払いだと忘れてしまいがちなので、口座引き落としにまとめるようにお願いしています。

ただ、民間の請求書は事務局宛に送ってもらうことができないので、自宅を訪問した際に郵便物は全部チェックします。そういうこともあって、自宅訪問の場合は、30分以内に終わらせるというわけにはいきません。また、最初のうちは月に何回か行かないと信頼を得ることができません。

ＤＭ類でも立派な外形をしていると、そのまま捨てるのは心配で中身を確認します。同窓会の案内が来て脱会申込みの連絡をしたこともあります。それぞれ何十年生きてこられた方の歴史があります。

ＳＫサポートの日常業務５　自宅売却

よくあるのは自宅の売却のお手伝いです。被後見人が施設に入ったため、自宅は空き家、貯金はどんどん減っていき施設費が払えなくなるというケースはよくあります。こうなると自宅を売るしかありません。そこで、裁判所の許可を得て後見人として売却します。市民後見人などの個人ですと、自宅を売るにしても、不動産業者にツテはありません。一見さんお断りが関の山です。

その点、ＳＫサポートは金融機関というバックがあるだけでなく、関連する不動産業者もいますし、売却にあたっても一定の信用がありますので、先方も真剣に考えてくれます。買い手の購入資金も仲間の金融機関が融資してくれて、すぐ成約するというメリットもあります。お金を付けられるという金融機関ならではの力があります。売り先・買い先のネットワークもあります。不動産会社が傘下にあるのも強みです。

不動産の売却という側面に限っては、普通の市民後見人が言ってみれば丸腰状態に近いのに対し、私どもは幸いなことに金融機関というバックがありますので、さまざまな専門家や機関と連携ができます。それが被後見人本人の幸せにもつながります。そういう意味で意義のある活動だと思います。

ＳＫサポートの日常業務６　葬儀とお墓

被後見人である高齢者の方が亡くなった場合、親族の方がこれまでの人間関係もあるのでしょうが、喪主を断ってくる、あるいは葬儀への参列も断ってくるケースがあります。たとえば、小学校低学年のときに事情があって離れ離れになり50年以上になる娘さんのいる被後見人（母親）のケースがありました。ようやく探しだして親が亡くなったことを伝えたのですが、関わりたくない、でも遺産はほしいという話でした。このときはその親族の許可を得て、火葬までは直葬でわれわれが手配しました。

それなりの事情があるのでしょうが、このような場合には地域の葬儀社と連携してＳＫサポートとして葬儀の手配を行います。参列もします。没交渉であったり、あるいは連絡の途絶えていた親族も見つかればお呼びします。「もう関係ありませんから、故人の葬儀についてはお任せします」と言われても、相続人であることには変わりありませんから、財産分与は必要です。葬儀後に財産分与のお手伝いもします。

お寺まで一緒に行って永代供養について、リーズナブルになるよう交渉します。いま社会で起きていることの縮図がこの現場にある、ともいえます。その実態がリアルに見え、感じられる仕事です。やりがいがあり、いままでの信用金庫での経験をフルに生かせる仕事でもあります。

ＳＫサポートで被後見人の代理権に関していちばん問題となっているのは墓じまいについてです。家庭裁判所からは「これとこれをお願いします」という指示があるのですが、墓じまいは、そのチェック項目に入っていません。

墓じまいは、いまだ社会で広く論じられる一般的な問題になっていないだけに、厄介な面があります。実感としては普通にあることなのですが、成年後見制度がスタートした時点では、それほど切実な問題ではありませんでした。

本人の意向で、亡くなった後はどうしてほしいか、お墓があるかどうか、どこに入れてほしいか。それを最初に確認しておきます。なぜ墓じまいが問題になっているかというと、夫婦二人のうち一人が先に亡くなって墓に入っていても、残された一人が亡くなった際にその墓に入れないというケースが増えているからです。また、相続人がいても墓の維持はできないので、親には共同墓地に入ってほしいというケースもあります。

さらに墓じまいには、それなりの費用がかかるので、それをどう工面するかという問題があります。数百万円かかるのが普通ですが、ＳＫサポートが交渉して１００万円以上、下げてもらったこともあります。

ＳＫサポートの日常業務7　トラブル回避

家族内で意見の不一致があった場合は、できる範囲で対応していますが、弁護士のように職務的に意見調整できる立場ではありません。ＳＫサポートとしてできることとして、本人が気づいていない解決策も含めて複数の解決案を提示することもあります。被後見人と家族の間で介護の進め方を巡って意見が対立することがあります。第三者から見ると「こういう解決策もあるのに」というケースがよくあります。

姉妹間で疑心暗鬼になっているので、「あなたがズルしているのではないか」と言われたくない、というケースもありました。ＳＫサポートが中心になって行い、「お母さんが取引している信金の子会社の立場で公平に対応しています。何かあったら言ってくださ い」と言えばたいがい納得してくれます。お姉さんにしてみれば、妹が直に介護をするより安心だということになります。

財産分与についてもわれわれが関与して信託契約書を作り、半分ずつ分ければ後々トラブルになることもないと判断して進めます。

それぞれの家庭の全体構造を読み、社会常識から落としどころをさぐり、話を持って行きます。リスクの有無などを慎重に検討し、「それをするのならこちらは無理です」などとアドバイスします。誰かの味方をするというのではなく、全体を見て常識的な判断を下すのです。

とはいえ、関与している家族がいない孤独な方のほうが多いのが現実です。家族はいても関与したくない、できないというケースもあります。いろいろな事情があり、自分の生活が苦しくて親の面倒まで見られないというお子さんもよくいます。お子さんが生活保護を受けているケースも少なくありません。

財産管理にとどまらないサービス

普通の身上監護をやや超えたサービスまで踏み込むこともあります。たとえばご夫婦が別々の介護施設に入所しているというケースもよく見受けます。このようなときはやはりご一緒にすべきだろうということで交渉し、実現したこともあります。とても喜ばれました。

また、長年にわたり音信不通だった家族を見つけて対面を果たしたこともあります。

さらに、財産管理の一環で家の中をくまなく探していたら、銃砲刀剣類が出てきたこともありました。こういう場合は警察とタイアップしてしかるべく処理します。

子どもが高齢者の親を虐待しているケースがありました。後見人の立場から弁護士を介して解決するように努めます。また、子どもが勝手に親の預金を下ろして使い込んでいることがわかった場合は、子どもが勝手に下ろせないよう、相手方金融機関に対して支払差止めの手続きを行うこともあります。

経済虐待では、たとえば親の年金を食い物にするというケースはよくあります。自分の遊興費や生活費に使ってしまうわけです。そこで被後見人のキャッシュカードを渡さない対応をした例もあります。食事をちょっとしか与えないという生活面での虐待や、息子が愛人を自宅に連れ込んで母親を追い出すといったケースもありました。そういう動きが察知された場合は、すぐにしかるべき対応を取ります。

求められる常識人としての素養

成年後見活動は社会常識としての判断がとても求められます。この常識を備えているのが金融機関人としての素養です。専門知識があっても、そうした常識がなければ適切な判断ができません。家族全体の人間関係を見て、お金の使われ方に度を越したものがないか。これも常識として、第三者として公正に判断する力が求められます。このままいくと絶対トラブルになる、そういう危険信号もできるだけ見分けるようにしています。

本人の意思通りにやるとトラブルになりそうな場合もありますが、トラブルを防ぎ、かつ本人の意思を尊重するにはどうすればよいか。そういうことも含めて、設計・プランニングしていきます。かなり踏み込んだ話になります。

信金OB・OGは人生経験も豊富でバランスが取れている、そこが大事なところです。こちらも高齢者だからこそ、高齢者の気持ちがわかるわけです。「判断できない」が許されず、判断しなければならない場面が出てきます。現場では常識に照らしてこの人にとっていちばん公平で幸せなことは何か、危ない橋は渡らせないということも含めてかなり踏み込んで判断し、説得までもっていくこともあります。

判断に迷う場合はさまざまな専門家と相談

いろいろなことがある後見活動ですが、判断に迷うことも少なくありません。たとえば、一人暮らしの被後見人の方で医者から「手術したいので同意してくれ」と言われた場合、これはできません。このように法律面もきちんと押さえて対応できるのは、法律面にも詳しい専門のスタッフが揃っているからです。専門的なことも含めて全部一人で対応するのは、どうしても無理があります。

また、信用金庫が主体として行っていますので、バックには弁護士や税理士等の専門家や警察も味方についています。何かあった場合でも臨機応変に対応できます。たとえば先ほどの経済虐待のケースですが、法定後見の関係から警察を呼んで対応する、場合によっては訴訟に持ち込むこともあります。こういうことができるのは、信用金庫という多方面のネットワークに通じている金融機関だからこそだと思います。そこにメリットがあります。

●図表2－3　SKサポートの支援体制

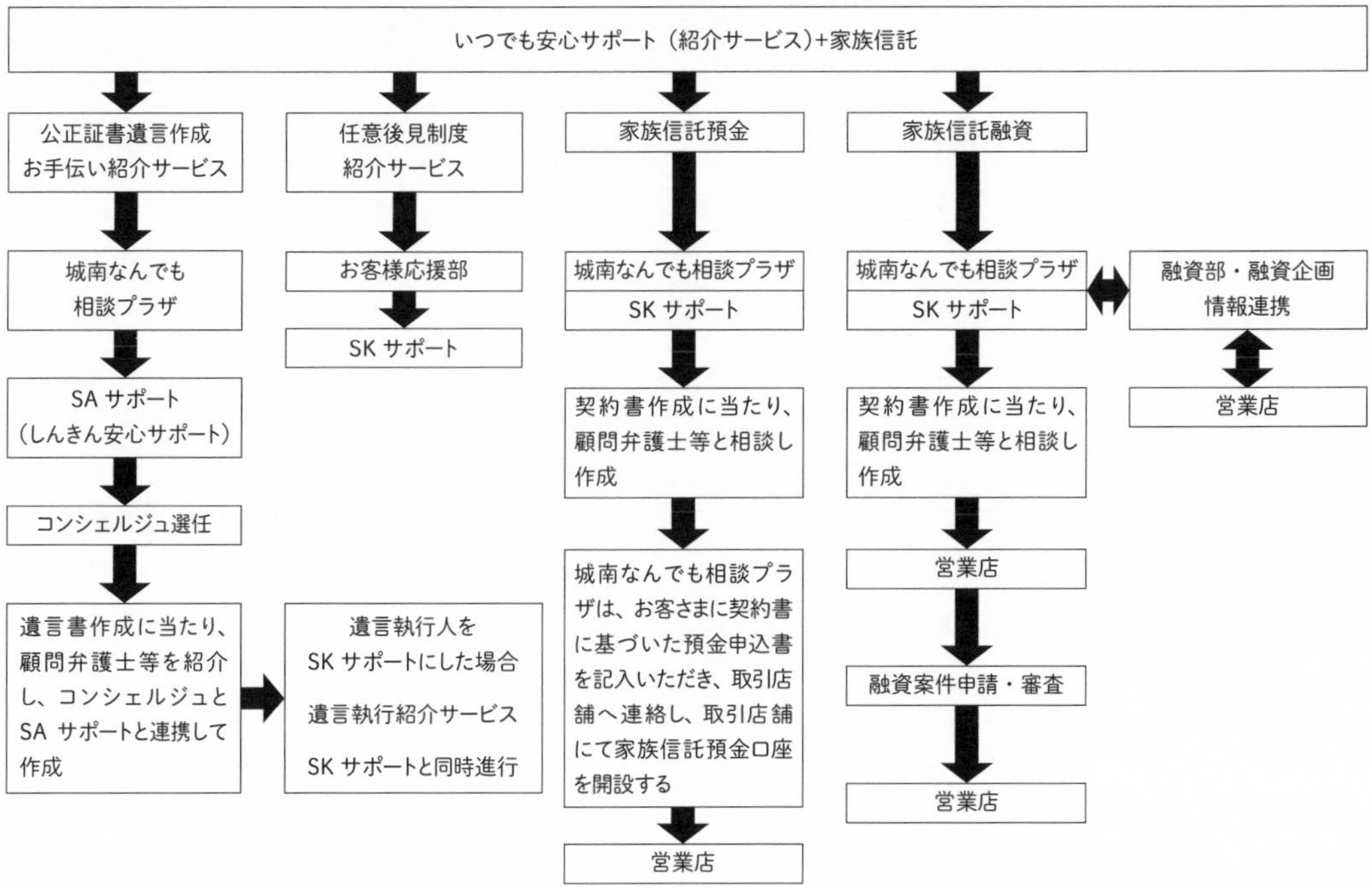

ＳＫサポートの運営コスト

ＳＫサポートの運営コストは、たとえば後見業務を担当するスタッフの人件費を最低賃金並みにするなど、極力抑えるようにしています。その人件費がペイする、また事務局の役務が可能となるギリギリの報酬に設定しています。弁護士や司法書士に頼むと何倍にもなってしまいますが、ＳＫサポートでは、ほぼ原価に近いコストでサービスを提供することができます。

また、信託銀行の手数料や司法書士の報酬表などを調べたうえで、お客さまが「払ってもいいかな」と思える料金設定にしています。弁護士などに遺言書の作成や執行を頼むと、かなり高額な請求をされます。信託銀行は年収の高い正社員が対応するので、人件費をまかなうことだけを考えても信託報酬が高くなるのは当然です。相対取引ですから、高くてもいいというお客さまは信託銀行を選べばいいわけですが、私どもはこれくらいの事務ならこれくらいの料金に抑えられるだろうと判断して、設定しています。

被後見人が負担する後見報酬については、家庭裁判所が決めます。従来は一律の金額でしたが、最近、内容によって変わるようになりました。実態を見ていると、自宅の売却など手間のかかる仕事で、差があるのはしかたない面があります。

ＳＫサポートで受任している法定後見は、平均すると、１件あたり1年間活動を行って受け取れる報酬は20万円程度です。この料金水準では、担当者の人件費程度の収入にしかならず、資金的には厳しいのが実情です。そこで組織の運営を各会員金庫からの出向者で行ったり、資金の援助を受けたり、事務所を格安でお借りしたりしています。人的な面、金銭的な面、物的な面で各会員金庫には本当に多大なご協力をいただいています。

ＳＫサポートのお役立ち事例１　高齢者の心配ごとが解消

ここからは、ＳＫサポートで行ったいくつかのサポート事例を紹介していきます。

芝信用金庫の支店近隣に住んでいて、いつも支店に来店される杉山さん（仮名）という女性がいます。85歳と高齢ながら、とても元気で、充実した毎日を過ごしている人です。ある日窓口で取引された時、杉山さんは、少し悩んでいる表情で窓口の担当者に話しかけました。

「今の私は元気だけど、一人暮らしで親類づきあいも少ないから、もしもの時には自分の財産はすべて寄付したいと思っているの。でもどうすればよいのかしら？」

話を聞いた窓口担当者は、高齢の杉山さんの今後について総合的に対応するには、「ＳＫサポート」に連絡するのがよいと判断しました。そこで、杉山さんにその旨を説明したうえで支店の上司に相談し、営業店統括部へ「成年後見関連情報取次票」を送りました。芝信用金庫営業店統括部から連絡を受けた「ＳＫサポート」ではすぐさま相談担当者を支店に派遣し、待っていただいていた杉山さんの話を伺いました。

杉山さんによると、

・北海道から単身上京して仕事を続けてきた。約30年前に自宅を建て現在地に住んでいる。現在まで独身。

・姉と妹は北海道に住んでいる。姪たちが都内や近郊に住んでおり、連絡はできるが自分のことで迷惑はかけたくない。

・自分の遺産は「日本赤十字社」にすべて寄付したい。

ということでした。杉山さんの話にもとづき、ＳＫサポートの相談担当者は、次のような提案を行いました。

「遺産を寄付するためには『公正証書遺言』を作成されてはいかがでしょうか」

「今はお元気でも、認知症などになった時に、本人に代わって、預金の払戻しや医療費や介護サービス費の支払い、介護施設への入所などの契約手続きをしてくれる方が必要になります。そのためにも、お元気なうちに『任意後見制度』を検討されてはいかがでしょうか」

杉山さんは、ちょっと考えてみるということでしたので、その日はそれで帰られました。１回目の相談から10日が過ぎたころ、「お話したいことがあります」との連絡があり、ＳＫサポート職員と相談担当者が杉山さんの自宅を訪問しました。

杉山さんは次のように話しました。支店応接室で相談に乗ってもらった後、いろいろ考えて姪たちと相談したら、

・おばさんにそのような心配があるとは思わなかった。これからは自分たちを頼りにしてほしい、と言われてとてもうれしく、安心した。
・任意後見制度や公正証書遺言のこともわかり、迷惑をかけたくないとの思いから、疎遠にしていた姪たちとも話す機会を持てて本当に良かった。
・芝信用金庫と取引していて、本当に良かった。窓口で私が話したひとことを、しっかり聞いてくれた職員さんに、心から感謝している。

ということでした。

この事例の場合、すぐに任意後見制度の利用や公正証書遺言の作成につながったわけではありませんが、杉山さんにはＳＫサポートとして、引き続き任意後見制度の利用と公正証書遺言の作成をお勧めし、杉山さんのお役に立てるよう活動しています。一方、芝信金では、店頭での会話が杉山さんの心配事について相談するきっかけとなり、さらなる取引深耕につながりました。

ＳＫサポートのお役立ち事例２　きっかけは一枚のパンフレット

これから紹介するのは、ＳＫサポートに直接、電話がかかってきた事例です。実家から離れた場所に住む高橋さん（仮名・女性）は、高齢である両親の今後を心配しています。最近は振込め詐欺の被害に遭いそうになったり、通帳が見当たらなくなり紛失届を出すなどの心配ごとがありました。さわやか信用金庫にも大変お世話になったとのことでした。

その時、通っている、さわやか信用金庫の支店職員から「成年後見制度についてはこちらで相談できますから、お持ちください」とＳＫサポートのパンフレットを渡されました。

それがきっかけで、詳しい話を聞きたいと、ＳＫサポートに電話連絡してきたのです。

夏休みを利用して来社された高橋さんの相談は次の内容でした。

・両親の将来のために、成年後見制度について詳しく知りたい。

・両親が住んでいる住宅供給公社の団地では、建替え計画が進んでいる。今後、仮住まいや、各種契約などの対応が必要になると思われるが、その手続きなども心配だ。

・親族は長女（相談者）と長男夫婦である。

相談担当者は、高橋さんの話を聞き、次のように対応しました。

「成年後見制度を利用されてはいかがでしょうか」と、詳しく説明して理解していただきました。

「秋に団地建替え計画の説明会が予定されているとのことなので、やや認知傾向がみられるとしたら、お父さまが対応可能なのか確認されることをお勧めします。そのうえで、必要に応じて後見制度の利用を考えてはいかがでしょうか」

「ご両親が多額の預金を管理するリスクを軽減する方法もいくつかございます」と対応方法を説明するとともに、公正証書遺言についても説明しました。

相談のあと高橋さんは次のように話されました。

・ご両親の今後について、どのようにすればよいか考えるきっかけになった。親族でよく相談したい。

・自分は現在独身だし、弟夫婦にも子どもがいないので、自分たちに役立つ任意後見制度についても知ることができてよかった。

・あの時受け取った一枚のパンフレットのおかげで、さまざまな相談ができ、成年後見制度についてもよく理解できた。きっかけを作ってくれた、さわやか信用金庫の職員の方に感謝したい。

ということで、大変喜んでいただいた事例です。ＳＫサポートでは、引き続き相談を行い、高橋さんのご両親の法定後見利用の支援だけでなく、高橋さんと弟さんご夫妻の任意後見利用に対応していくことになりました。

ＳＫサポートのお役立ち事例３　迅速な対応で一人暮らしの財産を守る

一人暮らしをしていた高齢の姉が、急病で意識不明となり救急搬送で入院されたという妹の篠崎さん（仮名）。篠崎さんは入院費等の支払いをするため、城南信用金庫の支店へ預金解約の相談に来られました。窓口対応の職員から、成年後見制度の利用と「ＳＫサポート」への相談をアドバイスされ、当法人に来社された事例です。

篠崎さんの話を聞くと、

・入院中のＴさん（４人姉妹の長女）は、元気で一人暮らしをしていた。ところが、以前より姉妹の一人とその親族が姉の自宅に出入りしており、預金通帳や印鑑を勝手に持ち出されたことがあった。

・今回も入院の知らせを受け自宅に行ったところ、通帳類が見当たらず親族の不審な行動も感じられた。また、自分（篠崎さん）が病院の手続きや預金解約等の対応をしていると、問題のある親族たちがやってきて、「脅し」「いやがらせ」と感じる発言をした。

ということでした。

そのような状況のため、ＳＫサポートとしては、

「成年後見制度（法定後見）を利用されてはいかがでしょうか」

と説明と提案を行いました。さらに直ちに弁護士へ相談。弁護士よりこの事案は親族間でトラブルとなることが予想されるため、後見人候補者を弁護士とする法定後見の申立てが望ましいとのアドバイスを受けました。篠崎さんにそのように提案しました。

篠崎さんも、「それなら安心できる」と回答されたので、さっそくＳＫサポートから弁

護士に後見の依頼をすることとなりました。

篠崎さんは弁護士事務所を訪れたとき、担当者に、「私の親戚に信用金庫へ勤務していた人がいるの。これも何かのご縁ね！」とお話しされ、「やっぱり、信用金庫さんは頼りになる」と感謝されたと聞いています。

ＳＫサポートのお役立ち事例４　家族信託の活用で未来予想図が完成

○○支店近くにお住まいの資産家・渡辺さん（仮名）は、大手銀行の借入れで賃貸マンションを建築し、不動産賃貸業を営んでいます。

元気ではあるものの、高齢になったことから最近は事業の将来について心配するようになってきました。一人暮らしのため、嫁いだ長女が定期的に訪ねてきます。日常生活についての不便はありませんが、マンションの管理や銀行取引については、長女は「私は知識も経験もないので、関わることができない」と言われています。また、長男は会社勤めをしているため忙しく、渡辺さんは、家族で将来について話し合う機会を持てないまま現在に至っています。

年金の引き出しに支店に来店された渡辺さんの悩みを聞いた担当者は、ＳＫサポートに連絡しました。

ＳＫサポートのスタッフは、直ちに支店を訪問し、渡辺さんに、次のように提案しました。

「資産と借入金について、家族信託を用いて、ご長男の名義に移されてはどうでしょうか」

渡辺さんはこの提案を受け入れ家族信託にした結果、長男は次のようなことができるようになりました。

・今後予想される大規模修繕の施工準備と資金調達の対応
・家賃等の賃貸管理、提携している不動産業者等との交渉対応
・家業である不動産賃貸業についての円滑な事業承継

渡辺さんと長男からは、いままで漠然と考えていた事業承継について具体的に話し合えて、自分の意思も固まり将来の計画を描けたと、たいへん喜んでいただきました。さらに建設資金（２億円程度）も、家族信託融資を利用していただき、大手銀行から地元信用金庫に全面移行することになりました。

ＳＫサポートのお役立ち事例５　遺言執行に素早く対応

△△支店のご近所に住んでいるものの、これまで取引のなかった資産家・島崎さん（仮名）から、支店に相談がありました。

というのも、このたび母親が亡くなり、相続手続きをすることになったのです。以前店頭で見たＳＫサポートのチラシに、遺言執行について書いてあったのを思い出して、支店に来店したそうです。

島崎さんの相談は、次のようなものでした。

・10数年前にお父さまが亡くなったときは、取引先の信託銀行に相続手続きを依頼したが、信託銀行への手数料が６００万円と高く、税理士への報酬、不動産登記等と合計で１２００万円もの多額の費用がかかった。信金では、どのくらいの費用で遺言執行を依頼できるか。信託銀行より費用を安くできないだろうか。

相談を受けた支店の担当者は、「お任せください」と返答して、直ちにＳＫサポートに連絡しました。ＳＫサポートのスタッフがすぐに支店に駆けつけ、島崎さんと面談しました。その場で遺言執行サポートサービスの見積りを出しました。

それによると、税理士報酬、司法書士の費用を含めても６００万円程度と、信託銀行と比較して半額の見積りを提案することができたため、島崎さんも驚かれ、たいへん喜んでいただきました。

支店担当者が、島崎さんの悩みに親身にすばやく対応した結果、相続手続きが完了した後、他行で利用中のマンション建設資金（約１億７０００万円）の移行も検討してもらえることになりました。

ＳＫサポートのお役立ち事例６　複数後見申立てで家族の不安を解消

認知症の母親を介護している長女の加藤さん（仮名）は、介護のための自宅リフォームを計画し、母親の預金を下ろそうと銀行窓口を訪問しました。

すると窓口では、「本人が認知症で意思表示ができないなら、成年後見人をつけてくれないと払戻しはできません」と言われました。金融機関の窓口の対応としては、当たり前ともいえる対応なのですが、加藤さんは困っていました。

そのような中、信用金庫の窓口を利用した際に「ＳＫサポート」のパンフレットを見て××支店職員に相談しました。

支店では、「ご安心ください、私どもにお任せください」と言って、担当者がすぐに、ＳＫサポートに連絡をとってくれました。ＳＫサポートでは、直ちにスタッフが支店を訪問し、加藤さんと面談しました。

話を聞くと、長女である加藤さんは、

・後見人に自分がなると、その仕事内容や報告等がいまの介護以上に負担になりそうだ。

という話をされました。

そこで、ＳＫサポートとして、

「それでは、ＳＫサポートと加藤様の複数後見の申立てを行い、日ごろの身上監護は長女の加藤様が、そして財産管理や家庭裁判所などへの報告事務については当法人が担当します。いかがでしょうか」

と提案しました。

法定後見申立てに必要となる書類や医師の診断書等についても説明しました。さらに、

「申立て手続きも、ＳＫサポートが責任をもってアドバイスするのでご安心ください」

と説明しました。

加藤さんは、先の銀行の窓口では、成年後見制度を利用するように言われ、それ以上は何もしてくれず困っていたわけですが、信用金庫ではこのような相談に乗ってもらい、サポートまでしてくれて、本当に助かった、とたいへん感謝していただきました。

さらに、先の銀行から取引を全面的に移行してくださいました。

地域によって異なる後見対応

東京都の場合、区によって後見対応が進んでいるところ、そうでないところと、だいぶ差があるようです。たとえばＳＫサポートのスタッフの中に他区で市民後見人の資格を取った人がいますが、その区の実情を聞くと、体制が整っていない中で、市民後見人は一人で動く場合は大変だということです。後見活動はやはりチームで活動してこそ、そのメリットが活かせると思います。

また品川区で資格を取っても活動できるのは品川区から受任した後見の仕事だけであり、他の区で活動するにはその区の研修を受けて認定されなければなりません。

公正証書遺言や家族信託にも対応

この章で紹介したＳＫサポートでは、成年後見業務のほかにも、公正証書遺言や、最近注目されている家族信託の面でも、会員金庫のお客さまのお役に立てるよう、各種パンフレットの作成配布、各金庫の支店長会での講演などを行っています。

各金庫のお客さまからの相談があれば、営業店を訪問し、職員の方々と一緒に相談に乗り、解決策を提案します。こうした活動を通じて、営業店としては、お客さまから深い信頼を得て、取引のメイン化につなげることができます。

実際に、公正証書遺言をつくる過程で、お客さまのさまざまなご相談に応じ、高い信頼を得ることができています。また、公正証書遺言をつくることをお勧めした結果、意中の方に確実に相続ができ、遺族から感謝されたケースもありました。

自宅と現金をお持ちの方で、これを守っていきたいという、いわば消極的な財産管理の場合は、任意後見と遺言の2点セットをお勧めします。しかし、不動産の売買や新たな借入れ、建築など、さらに積極的に財産を運用したいとお考えの方々には、家族信託を加えた3点セットを提案しています。

●図表２−４　ＳＫサポートのサービス概要

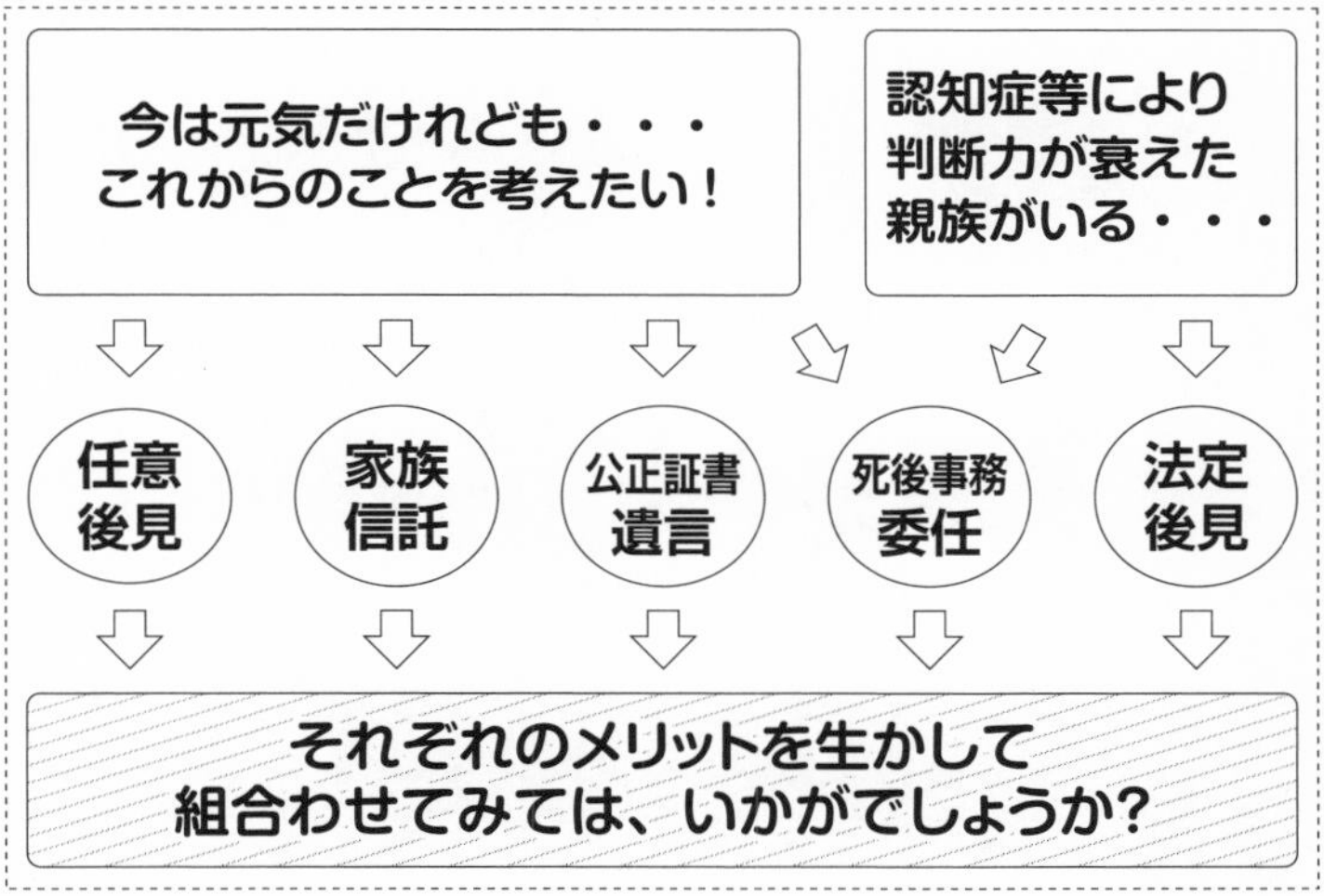

この家族信託は、認知症になったお客さまの資産凍結回避、円滑な資産承継、相続税対策などに役立つとともに、金融機関にとっても新たな預金や融資につながるものとして注目されていますが、ＳＫサポートでは、この家族信託についても数多くの相談事例や実績があるため、お客さまの幅広い要望に応えて、会員金庫の業績に貢献できる体制が整備されています。将来はご家族のいない方の信託受託を行うことも考えています。

任意後見

・将来に備え、元気なうちに信頼できる後見人を選んでおきたい

流れ図

相談 → 公証人への取次用資料の作成 → 委任・任意後見契約の締結（公証役場） → 任意後見受任者の登記（法務局） → 見守り・委任の契約 → 任意後見監督人選任の申立 ※ → 任意後見監督人の選任（家庭裁判所） → 任意後見開始審判の登記（法務局） → 後見の活動 → 終了（本人死亡）

説明事項

★契約に必要な主な書類
- ○本人（委任者）
  - ・戸籍謄本
  - ・戸籍の附票または住民票
  - ・印鑑登録証明書、実印
- ○任意後見委任者
  - ・戸籍の附票または住民票
  - ・印鑑登録証明書、実印

★公証役場での主な費用
- ○契約書作成…22,000円
- ○登記の嘱託…1,400円
- ○収入印紙…2,600円
- ○その他…証書代、郵便切手代等

★任意後見監督人選任の主な費用
- ○申立…800円
- ○登記の嘱託…1,400円
- ○その他…郵便切手代等

※認知症等により、本人の判断力が衰えた場合に行われます

★その他の主な費用
- ○取次用資料作成者等への報酬

★監督人選任の申立のできる人
- ○本人
- ○配偶者
- ○四親等内の親族
- ○任意後見受任者

（金額等は変更になる場合があります）

家族信託

- 信頼できる家族に将来を託したい
- 判断力が衰えた後も、家族の支援のために財産を使いたい
- 亡くなった後も家族のためになる財産の引継ぎをしたい

流れ図

相談 → 専門家への取次用資料の作成 → 専門家による公正証書案の作成 → 公正証書の作成（公証役場） → 不動産の信託登記（法務局） → 信託預金口座の開設（金融機関） → 家族信託の履行 → 終了

説明事項

★契約に必要な主な書類
（契約内容によって異なる）
○本人（委託者）
・住民票
・印鑑登録証明書、実印
○受託者
・住民票
・印鑑登録証明書、実印

★公正証書作成関連の主な費用
○証書作成手数料
・信託評価額により異なる
○公正証書の正本・謄本作成手数料
・1枚当たり 250 円

★その他の主な費用
○取次用資料作成者等への報酬
○専門家（弁護士・司法書士等）への報酬
○不動産を信託財産にする場合は、不動産の登記費用
○金融機関の信託口座開設手数料

（金額等は変更になる場合があります）

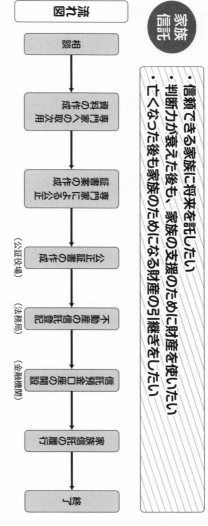

公正証書遺言

- 自分なりに考えた相続をしたい
- 財産を譲りたい他人がいる、譲りたくない家族がいる

流れ図

相談 → 専門家への取次用資料の作成 → 専門家による公正証書案の作成 → 公正証書の作成（公証役場） → 本人の死亡 → 遺言の執行 → 終了

説明事項

★作成に必要な主な書類
- ○本人（遺言者）
  - ・印鑑登録証明書、実印
  - ・不動産登記事項証明書、固定資産評価証明書
- ○相続人への相続の場合は、本人と相続人の続柄がわかる戸籍謄本
- ○相続人以外への遺贈の場合は、氏名、住所、生年月日のわかるもの
- ○立会人・遺言執行者の氏名、住所、生年月日のわかるもの

★公正証書作成関連の主な費用
- ○証書作成手数料
  - ・相続財産により異なる
- ○公正証書の正本・謄本作成手数料
  - ・1枚当たり250円
- ○立会人
  - ・2名…1名につき5,000円～1万円

★その他の主な費用
- ○取次用資料作成者等への報酬
- ○専門家（弁護士・司法書士等）への報酬

★遺言公正証書の保管
- ○公証役場…原本
- ○遺言執行者…正本
- ○本人…謄本

（金額等は変更になる場合があります）

死後事務委任

（エンディングサービス）

- 亡くなった後を安心して頼める親族がいない
- 親族が亡くなった後、各種手続きをしてもらいたい

流れ図	委任の契約 →	本人死亡 死亡の確認 →	死後事務の履行 →	親族への終了報告
説明事項	★契約をする人 ○本人 ○親族 ★契約に必要な書類 ○死後事務委任契約書	★死亡確認書類 ○死亡診断書　等	★死後事務の主な内容 ○役所への死亡の届出 ○親族への連絡 ○葬儀・埋葬の手続き ○生前の未払い費用の精算 ○各種契約の解約 ○遺品の整理手続き	★親族への引渡し ○貴重な遺品の引渡し ★主な費用 （原則として、亡くなられた方の財産からの支払） ○死後事務委任者への報酬 ○その他関連先への支払 （金額等は変更になる場合があります）

〈任意後見契約や公正証書遺書作成の際に死後事務委任契約を同時に締結する方法もあります〉

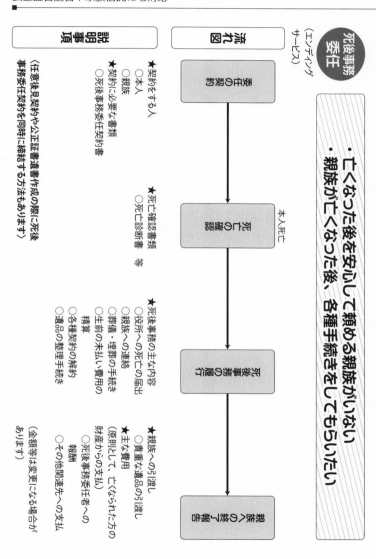

法定後見

・判断力が衰えた親族の財産をきちんと管理していきたい

流れ図

相談 → 申立書類の作成 → 家庭裁判所に申立 → 調査・面接等（家庭裁判所） → 後見類型・後見人等の決定（家庭裁判所） → 後見開始審判の登記（法務局） → 成年後見の活動 → 終了（本人死亡）

説明事項

★申立ができる主な人
- ○本人
- ○配偶者
- ○四親等内の親族
- ○任意後見受任者
- ○市区町村長

★申立書類作成者への報酬

★申立書関係の主な書類
- ○申立書
- ○申立事情説明書
- ○財産目録
- ○収支状況報告書
- ○後見人等候補者事情説明書
- ○親族関係図
- ○本人の財産、収支に関する資料

★申立に必用な主な書類・費用
- ○収入印紙…3,400円～5,000円
- ○郵便切手…3,200円～4,100円
- ○本人の戸籍謄本
- ○本人の住民票または戸籍の附票
- ○登記されていないことの証明書…300円
- ○裁判所提出用の診断書…10,000円程度

後見人決定の際、裁判所から「後見監督人の選任」「後見制度支援預金の利用」「後見制度支援信託の利用」等の選択を条件とされる場合があります

（金額等は変更になる場合があります）

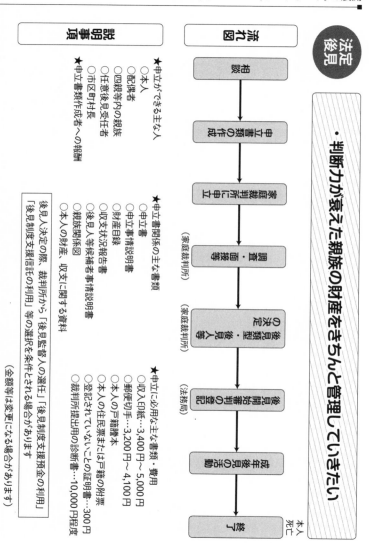

第3章
城南信用金庫
高齢者サービスへの取組み

なぜ信用金庫ができたか

なぜ信用金庫が成年後見活動を目指すのかについて、まず信用金庫の歴史を振り返りつつ説明しましょう。信用金庫は株式会社ではありません。株式会社には株主がいて、株主の利益が重視されます。もちろん株式会社でもＥＳＧ（環境・社会・ガバナンス）を重視する会社は増えてきています。

しかし、信用金庫は創業の成り立ちそのものからして地域貢献を目指しています。それがいまのさまざまな高齢者サービス事業につながっています。

たとえば掛川信用金庫（静岡県掛川市・現 島田掛川信用金庫）は、二宮尊徳の高弟である岡田良一郎が日本初の信用金庫として設立しました。掛川信用金庫は、日本のバブル期にも報徳思想である「推譲（すいじょう）」（儲けたお金の半分は自分で独り占めせず、皆で貯蓄し他に分け与えようとする考え方）という二宮尊徳の精神を重視し、資金運用では目先の利益を求めず、健全性を重視してきました。その結果、バブル崩壊やリーマンショック時にも黒字を維持し、地域経済の発展に寄与しています。

二宮尊徳は、貧しい少年時代を送りましたが、苦学して当時最先端の技術や学問を身につけました。やがて成人すると、報徳仕法と名付けた独自の考え方で当時疲弊していた地域経済を立て直しました。この報徳仕法とは、まず自分の収入に上限を設けます。これを分度といいますが、農作物に余剰が出た場合には皆の財産として貯蓄していきます。また、貧しい農民にお金を貸し出し、成功した場合にはお礼として冥加金と名付けた配当を支払う仕組みをつくりました。お互いに感謝の気持ちで地域の発展を目指すもので、道徳的にも優れた思想だと思われます。二宮尊徳の思想から全国に報徳社という組織が結成され、五常講という金融組織も生まれていきました。掛川信用金庫もこの五常講の精神を受け継いでいます。

そのころヨーロッパでは協同組合運動が盛り上がる

明治になって富国強兵政策により、日本も近代化しなければならないという流れがありました。その手本となったのはヨーロッパの産業革命ですが、その結果人々の生活がよくなったかといえばそうではなく、貧富の差が拡大してしまいました。子どもたちや高齢者といった弱者が困った状態になったわけです。株式会社は人々を幸せにしないのではないかと、アダム・スミスをはじめとする心ある経済学者は警鐘を鳴らしていました。

株式会社は金儲けを目的としているので、株主の利益を最大の目的としており、株主の独裁化を招く仕組みになっています。経営者も株主の言うことを聞かないと自分がクビになってしまいますから、利益中心主義になってしまいます。企業が利益を求める結果、貧富の格差が拡大し、世界中がグローバリゼーションによって不幸になってしまったという問題があります。

そこでヨーロッパでも、上場株式会社ではない、新しい経営形態は何かないだろうかと模索が始まりました。こうした時期、ロバート・オーエン（１７７１〜１８５８年）という経営者が登場します。この人はイギリス・マンチェスターで最大規模の紡績工場を営んでいたのですが、働く人たちを幸せにするにはどうするか考えました。オーエンは〝働く人たちを大切にし、彼らの生活を豊かにする〟ことを発想し、それを実行しました。それが戦後日本における日本的経営につながったのです。日本的経営のルーツはオーエンの経営にありました。

当時、株主よりも働く人たちを大切にしようとするこの考えが世界中で注目されるようになりました。１８４４年にはイギリスでは働く人たちのために、マンチェスター郊外の町、ロッチデールで協同組合運動が始まりました。これが、ロッチデール公正先駆者協同組合です。ドイツでも農協と都市部での信用組合という2つの信用組合ができました。農協は、行政官だったフリードリッヒ・ライファイゼンが、信用組合は裁判官だったヘルマン・シュルツェ＝デーリチュという人が作りました。

明治以降日本に移植された信用組合の潮流

日本では、明治4年に岩倉具視らによる欧米使節団が派遣されましたが、品川弥二郎がドイツに行ったとき、協同組合という新しい会社組織があることに気づきました。そして、日本にもこれを入れなければと考えました。なぜなら、三井三菱をはじめとして財閥たちが政府と組んで利権政治を行っている、これでは一般民衆が疲弊するばかりと考えたからです。

困った人たちを助けねばならないと考えた品川弥二郎は、義弟である平田東助とともに協同組合法の制定を目指します。

品川弥二郎は萩の松下村塾で学んだ人で、幕末には高杉晋作たちとともに倒幕運動に奔走しました。明治以後、１８７１年（明治４年）には渡欧してドイツとフランスに留学します。この時期に義弟の平田東助とともに留学したドイツで、都市部では小規模商人のための信用組合組織が拡大し、農村部でも農業信用組合がさまざまな村に広がり、成果を挙げていることを知ります。

日本に帰った品川弥二郎と平田東助は、政府の中で最も重要な役職であった内務大臣を務めた経歴があります。この2人は、地域社会が停滞するのは好ましくない、むしろ自助の精神や地方自治を基本とする協同組合を日本にも導入しようと考えました。

そこで信用組合法案をつくり、１８９１年の帝国議会に提案しますが、未成立となりました。一方で、静岡県では報徳社の流れを汲む掛川信用組合、浜松信用組合などが設立されます。信用組合のルーツは外国にだけあるものではありません。

こうした動きに押された政府も動きます。ようやく１９００年（明治33年）に、政府官僚だった品川たちの努力もあって、信用組合法案は産業組合法として帝国議会で成立させることができました。この間、時間がかかったのは、政府、議会にとって、「組合」というひびきが労働運動を想起させることも関係していたようで、政府は法案成立に慎重だったことが影響していました。

創業者・加納久宜の足跡と城南信金の誕生

この産業組合法に基づいて、城南信金の前身となる入新井信用組合は1902年に東京・大森駅前で設立されました。創設者は千葉県の上総一宮藩の最後の藩主となった加納久宜公です。久宜は、明治以降、日本体育会会長、全国農事会幹事長、帝国農会初代議長などを務めました。

加納公は長年にわたり、品川弥二郎の進めてきた産業組合法の成立を応援してきました。そして1905年には、全国1300の産業組合に呼びかけて大日本産業組合中央会を作りました。会頭は内務大臣も務めた平田東助で、加納公は副会頭となり、全国の産業組合の指導に当たりました。城南信用金庫は日本の協同組合運動の最初のリーダー企業であったわけです。協同組合の理念は何かといえば、「一に公益事業・二に公益事業、ただ公益事業に尽くせ」というのが加納公のモットーでした。これが城南信用金庫の設立の一番の理念となっています。

城南信用金庫は株式会社のように利益を追い求めるのではなく、農協、生協と手を携えて地域の人々の幸せにつながる企業活動を行う。そして公益事業に尽くすという理念が創業の時点からあったわけです。

加納家は徳川幕府の重鎮として活躍してきた家柄です。有名なのは一宮藩加納家初代藩主・加納久通が八代将軍・吉宗とともに享保の改革を行い、その後、加納久周が松平定信とともに寛政の改革を行ったことです。加納家は徳川幕府のなかでも常に民衆の幸せを目的として民衆のための良心的な政治を行ってきました。

明治になってからも、この加納家の精神は受け伝えられます。加納久宜公が大森の山王に住んでいたとき、教育費が払えず学校に行けない子どもたちがたくさんいました。そこで公益事業として、貧しい庶民を支援しようとつくった会社が城南信用金庫の前身、入新井信用組合です。加納公は、貧しい子供たちの学業支援と地元経済の振興を通して住民の福祉向上を図ろうと、信用組合を設立しました。

時を経て、２０１０年11月に吉原毅が城南信用金庫理事長に就任しました。吉原は、城南信用金庫の歴史を踏まえて、創業の理念に立ち返り、公益事業を進めることを決意します。ひるがえって、今求められる公益とは何かを見れば、それは、超高齢社会への対応であることがわかります。

このころお客さまからは、資産の管理もしてほしいとの要望も出てきました。ところが、お客さまの預金を預かる立場の信用金庫が、直接、後見活動を行うと、お客さまの不利益が信金の利益となるような、利益相反となるケースが危惧されます。

そこで吉原は知恵を絞り、後見活動を行う別法人、たとえば一般社団法人のような組織をつくることに思いいたります。それが「一般社団法人しんきん成年後見サポート」（SKサポート）です。この内容は第2章にまとめたとおりです。

一方で、城南信用金庫を含めた信金本体でも高齢者の方々のお役に立てることがあるはずです。その点についてこれから解説します。

後見支援信託に代わる「成年後見サポート口座」を開発

まず成年後見サポート口座についてです。この商品は、吉原が２０１６年11月に内閣府の成年後見制度利用促進委員会で提言し、２０１７年3月24日に閣議決定された成年後見制度利用促進基本計画に盛り込まれ、同年3月から、全国にさきがけて城南信用金庫が取組みを開始したものです。

成年後見の仕事に携わるうえで、お金の出し入れなどの管理は欠かせませんが、２０１２

年から導入された「後見制度支援信託」という制度がこれまで広く使われてきました。

家庭裁判所が後見人には数百万円のお金だけ預け、残りの資産の大半は後見制度支援信託に預けなさいという指示を出します。具体的には、信託銀行にお金を持っていき、後見制度支援信託という勘定に入ってしまいます。それを下ろすには後見人の一存ではできません。家庭裁判所の承諾書をもらうなどの手続きも必要になります。

多額の財産を持っている人に後見人がついた場合の後見人の私的流用などを防ぐための仕組みです。しかしこの制度には大きな問題がありました。

入院費用あるいは介護費用など多額のお金を引き出そうとしたときに、まず困るのは、遠方から信託銀行のあるところまで出かけねばならないことです。全国的にみると、信託銀行の店舗がある市町村はきわめて少なく、大都市部に集中しています。それにもともと地元の金融機関に預けておいたお金をなぜわざわざ都市部の信託銀行に預け替えねばならないのか、下ろしに行くのも大変です。大変な手間がかかります。

利用者の負担となる側面がある後見制度支援信託

当時、この後見制度支援信託への資金流出が年を追って急増しており、2019年12月末までに8055億円もの巨額の資金が信託銀行に流れました。この数字の裏には、高齢者がこれまで親しく取引してきた地元金融機関との縁を絶たれ、本人と家族の実情や、過去の経緯を知らない、縁もゆかりもない遠隔地の信託銀行との取引を強制され、とても不自由な思いをさせられている状況があります。また信託銀行の手数料は高額であり、利用者の重い負担となるなど、大きな社会問題にもなりました。

さらに大量の資金が信託銀行に移ることになり、地方から中央の都市部に地域の大切な資金が吸い上げられてしまい、地方経済に打撃を与えかねない。地方の金融機関にとっては、痛手となっているという問題もあります。

城南成年後見サポート口座誕生のいきさつ

ある日のこと、日本弁護士連合会の事務局と最高裁判所家庭局の方々が、ＳＫサポート事務局を訪ねてきました。

「実は後見制度には大きな問題があって、内閣府でも審議会を設けて検討しているが、頭を悩ませている。相談に乗ってほしい」というのです。要は、「後見制度支援信託に代わる（使い勝手のいい）預金商品はできないか」ということでした。

そこで吉原は信託商品でなくても、預金商品でも全く同じ商品ができること、そして家庭裁判所の承認だけでなく、社会福祉協議会の承認や複数後見人の承認などによって支払うことのできる、そして全国の預金取扱金融機関が取り扱うことができる新しい預金方式の提案を行いました。

この仕組みは、運用に手間がかからない、信託銀行の口座でなくとも信金を含めた全国の預金取扱金融機関が取り扱うことができる、後見制度支援信託と同等の安全性を確保するメリットがあります。

複数名による署名捺印

具体的に商品の対象となる方は、法定後見と任意後見の対象となる方です。「成年後見サポート口座」と名付けられたこの預金方式では、後見制度支援信託と同等の安全性を担保するため、「後見人が単独で多額の資金を払い戻せない仕組み」にしてあります。後見制度支援信託でいう「家庭裁判所の支払指示書」のみならず、「2名以上の人間による署名捺印」を徴求しています。これは、後見人が単独で財産管理をしていると不正が行われやすいのですが、2名以上で管理すれば相互牽制機能が働き、不正を行えなくなる、という理屈です。

これに加えて、単独の署名捺印のみで払戻しのできる小口預金口座を合わせ持つようにしてあります。これによって、大口のお金は2名以上の署名捺印が必要な口座で厳格に管理する。一方、日常の生活費は単独の署名捺印で取引できる口座による簡便な管理にする、といった形で使い分けることを可能にしています。

さらに、従来から行っている定額自動送金サービスを組み合わせ、厳格に管理をする口座から簡便な管理をする口座へ毎月の生活費に相当する金額を補充することで、日常の生活費を単独の後見人のみで管理することができます。

前者の大口口座をB口座、後者の小口口座をA口座として、それぞれ別のCIF（氏名・性別・年齢・住所・電話番号などを登録したデータ）で口座をつくっています。また、普通預金だけでなく、定期預金なども作成できます。B口座にはキャッシュカードは発行しません。

預金取引約定では、届出された署名捺印をもって預金を支払うと定めているため、複数の署名捺印を届け出ておけば、単独の署名捺印では払戻しができません。こうした例は、従来から遺産分割前の預金の管理などについて行われてきたことで、営業店の実務経験者にとっては特に目新しいことではありません。このような簡単な工夫ではありますが、不正防止の牽制機能が十分に働くことになります。

内閣府の委員会に提案し採用される

この仕組みを2016年11月の内閣府の成年後見制度利用促進委員会に提案しました。吉原が特別参考人として呼ばれ、その趣旨を説明しました。

委員会で同案は受け入れられ、内閣府はこの意見を採用しました。この年に閣議決定された後見制度推進基本計画の中に、「従来の後見制度支援信託に代替する簡易かつ安全な商品の取扱いを行うべし」と提案し、全銀協・地銀協をはじめとした金融機関諸団体にぜひこれを扱ってほしいと協力要請がなされました。これが、現在各金融機関で取扱いが相次いでいる「後見制度支援預金」です。

ところがこの時期、全国銀行協会や地方銀行協会は腰が重くてなかなか動きません。それならば自分たちで先例を作ろうということで、2017年3月に城南信用金庫が「城南成年後見サポート口座」として、世に問うたわけです。

「後見制度支援預金」は、成年後見人が被後見人の財産管理を厳正かつ安全に行うことができ、全国どの金融機関でも即座に取扱いが可能であり、利便性も高い商品です。今後は、後見制度支援信託の代替手段として幅広く利用されると予想されます。現に、静岡県

●図表３－１　内閣府「成年後見制度の利用促進基本計画について」

不正防止の徹底と利用しやすさとの調和

委員会の意見の概要等

●後見制度支援信託に並立・代替する預貯金等の管理の在り方については、金融機関における自主的な取組に期待。（全国銀行協会、全国地方銀行協会、第二地方銀行協会、全国信用金庫協会、全国信用組合中央協会、ゆうちょ銀行、農林中央金庫に要請。）
●今後、最高裁判所、法務省等とも連携しつつ、積極的な検討を進めることが期待される。

預貯金等の管理の在り方のイメージ（案）
●成年後見人名義の預貯金について
１．口座の分別管理
　①小口預金口座（日常的に使用する生活費等の管理）
　②大口預金口座（通常使用しない多額の預貯金等の管理）
２．払戻し
　①小口預金口座
　　・後見人のみの判断で払戻しが可能
　②大口預金口座
　　・後見人に加え、後見監督人等の同意（関与）が必要
３．自動送金等
　生活費等の継続的な確保のための定期的な自動送金
　②大口預金口座　→　①小口預金口座

（出典）内閣府「成年後見制度利用促進基本計画」のポイント・概要

の信用金庫や大阪府の信用組合などを中心に、家庭裁判所の支払指示書と引き換えに預金を払い戻す形式の「後見制度支援預金」が取り扱われ、全国的に広がりを見ています。

高齢化の進展に伴い、成年後見制度の利用促進は、わが国にとって急務の課題です。公共的な使命を持った協同組織の地域金融機関である信用金庫としても、これを積極的に支援していくことが予想されます。

親族とSKサポートの複数後見

複数名の署名捺印には、後見人を複数にする場合（複数後見）、後見人と後見監督人の複数で管理する場合などが考えられます。また2名ではなく3名以上の複数で、より厳格に管理することも可能です。

複数管理の場合、親族が複数名で後見人になる場合もありますが、親族後見人とともにＳＫサポートが後見人になるケースも少なくありません。こうした場合には、親族の署名捺印とＳＫサポートの署名捺印を届け出て、厳格に管理することを提案しています。

家庭裁判所に法定後見を申請する場合、親族が後見人に選ばれる確率は低く、一般に３割程度と言われます。そこで、親族とＳＫサポートの複数後見で、かつ本商品による厳格な財産管理を前提として、後見申立てを行えば、親族後見が実現する可能性は高くなるわけです。

口座開設への流れと注意点

２名以上で管理する口座なので、当然２名以上で来店いただき、申込みいただく形になります。口座の開設にあたっては、まず通常の口座開設に必要な書類に加えて、金庫所定の「成年後見制度に関する届出書」を提出いただき、その後、申込みをされた支店で、「サポート口座」の肩書を入れた「被後見人名義」の専用口座を開設することになります。

申込みを受け付ける際には、家庭裁判所にきちんと申立て等はされているのか、開設するサポート口座を財産管理に利用する旨の話がお客さまと家庭裁判所との間でしっかり行われているのかを必ず確認するようにしています。

また、城南成年後見サポート口座はたくさん売っていくような商品ではなく、取扱件数も少ないので、家庭裁判所の審判書の内容や成年後見の内容をよく検討し、後見人等と詳細な相談や打合せをしたうえで対応をするようにしています。

超高齢社会の進展に伴い、成年後見制度の利用促進はわが国にとって急務の課題です。地域金融機関の使命として、超高齢社会への対応のため、まずは成年後見、家族信託、遺言の三本柱をしっかりと普及させることが大切だと考えています。

城南信用金庫が勧める高齢者向け13の安心サポートサービス

現在、城南信用金庫では、「高齢者向け総合サポートサービス（いつでも安心サポート）」という名称で、日々の生活費や財産管理、遺言、相続などの心配ごとにお応えする13のサービスを提供しています。当初は「現金お届けサービス」、「指定振込サービス」、「代理人サービス」、「見守り定期預金サービス」、「リバースモーゲージサービス」、「任意後見制度紹介サービス」の6サービスからはじめました。今は13サービスまでメニューを増やしています。

その13サービスを紹介します。

1 現金お届けサービス

病気などで現金の引出しに来店することがむずかしくなった方を対象に、指定口座から現金を毎月1回、本人宛、自宅にお届けします。

※毎月１回の現金お届け時に１１００円（消費税含む）の手数料がかかります。

2 指定振込サービス

病院へ入院した時の費用など、突発的な支払いが必要な時に、病院などからの支払請求書に基づいて、お客さまの口座から振込みします。

●図表３－２　城南信用金庫が勧めるサービスの三本柱

当金庫では13のサービスの中でも、特に、「任意後見制度紹介サービス」、「家族信託預金・融資」、「公正証書遺言作成お手伝い紹介サービス」の３つをお勧めしています。

	(1) 任意後見制度	(2) 家族信託	(3) 遺言書
特徴	本人のための 財産管理 身上監護 （生前）	家族のための 財産管理 （生前）	家族が もめないため （死後）
できること	法的な代理権あり	家族が金銭面で 困らないように 自由な設計が できる	相続の争いを 防止できる
できないこと	家族のためにお金を 使えない 介護はできない	法的な代理権が ない 相続税対策	—

※振込サービス依頼書をＦＡＸして申し込みいただきます。

3　代理人サービス

病気などで、お客さまが来店できず支払いなどの手続きができない場合、あらかじめお届けいただいた代理人の方が手続きできます。取引時にそのつど、委任状が不要となりますので、便利です。

4　見守り定期積金サービス

お客さまが、安心して暮らしていただけるよう、お客さまを見守りするサービスです。担当者が毎月、定期積金の集金にお伺いする際に、お客さまの様子を見守ります。

※毎月の見守り結果をご家族等の送付先へ「お見守りチェックシート」とお客さまの「写真」を郵送してお知らせするサービスを加えることもできます。その場合、月額１１００円（消費税含む）の手数料がかかります。

5　リバースモーゲージサービス

手元に現預金などを十分にお持ちになられていない時や、介護や医療などで生活資金が必要になった時に、自宅を担保に融資します。
※ 申込みに際しては、当金庫所定の審査があります。

6　いつでも安心口座

お客さまが、万が一亡くなられた際にも、あらかじめ指定いただいた方に指定された預金を（最高３００万円）お支払いします。ご家族にとってはこの商品を利用すれば、葬儀費用や当面の生活費を速やかに確保することが可能です。
※申込みの際には、所定の書類を提出していただき、５５００円（消費税含む）の手数料がかかります。

7　暦年贈与預金

当金庫の贈与者の口座から指定している受贈者の口座に贈与するサービスです。相続税対策として、毎年最大１１０万円までの非課税枠を利用して生前贈与を行うことができます。ただし正しく行うには手続きがむずかしいなどの問題があります。そこで、贈与する方、贈与される方両名を、当金庫がお手伝いします。

贈与契約書の作成や振込などの面倒な贈与に関する手続きから、「課税扱いとされないため」贈与取引の記録を残すところまで、まとめてサポートします。

※贈与者1名につき、受贈者の人数にかかわらず年額３３００円（消費税含む）の手数料がかかります。

8　家族信託預金と家族信託融資

成年後見制度では対応できない高齢者福祉の手段として家族の間で行う家族信託を活用し、信頼できる家族に預金を管理してもらうためのサービスです。

これには、いくつかのタイプがあります。預金商品として受託者単独で管理するＡタイプ、受益者代理人などと複数で管理するＢタイプがあります。さらに融資商品として家族信託融資を開発し、扱っています。親子間で信託契約を締結し、財産の弾力的な運用を可能とする民事信託です。家族信託の専門家の紹介などを通じて、そのスキームを提供します。

※家族信託融資の申込みに際しては、当金庫所定の審査を行います。家族信託預金については口座開設手数料が５５０００円（消費税含む）です。別途、弁護士費用等の諸費用がかかります。

9　城南遺言・家族信託契約書お預りサービス

せっかく「遺言書」や「家族信託契約書」を作成されても、長い年月が経つなかで、大切な「遺言書」や「家族信託契約書」をどこにしまったのか忘れてしまうことがあります。その時に備えて、当金庫がお預りするサービスです。毎年、サービスのご案内をお送りするので、「遺言書」や「家族信託契約書」の存在を忘れてしまう心配がありません。

※申込み時に１１０００円（消費税含む）、年額利用料として５５００円（同）の手数料がかかります。

10　「公正証書遺言作成お手伝い」紹介サービス

提携した弁護士が、お客さまの悩み事や意向を、親身にお伺いしたうえで、親切丁寧に対応し、公正証書遺言の作成をお手伝いします。「しんきん安心サポート」のスタッフである人生経験豊富な信用金庫のＯＢ・ＯＧがサポートします。公証役場までご一緒し、証人（２名）も引き受けるので安心です。

11　「遺言執行」紹介サービス

遺言書を作成するときに、遺言執行人を決めておくことで、遺言の内容を確実に実行することができます。遺言書に指定されている遺言執行人をＳＫサポートに指定いただければ、相続発生時には、ＳＫサポートのスタッフである人生経験豊富な信用金庫ＯＢ・ＯＧが、お客さまの思いを確実に遺言執行します。

12 「任意後見制度」紹介サービス

高齢になると、たとえ日ごろは元気でも、ある日突然病気に襲われ、心神喪失に陥る可能性がないとも言えません。この場合、法定成年後見の対象となり、ご家庭の事情をよく知らない後見人により、財産管理が行われ、お客さまの希望に沿わない財産管理が行われるかもしれません。

こうした将来に備えて、ＳＫサポートでは、自らが任意後見人となるほか、家族との複数後見による契約も行い、お客さまの安心・確実な財産管理をサポートします。「任意後見契約」と「委任契約」を結んでいただけると、「お客さまの意思に沿った財産管理」が可能となり、安心いただけます。そのための預金商品として、後見人単独で管理するＡタイプ、後見監督人などの許可を得て支払うＢタイプ、家庭裁判所の許可を得て支払うＣタイプがあります。このほか、被補助人や被保佐人へ単独で支払える小口管理のための暮らしの口座も開発しました。

13 「有料老人ホーム」紹介サービス

介護付き有料老人ホームにはいろいろなタイプがありますが、どの施設に入ったらいいのか不安に感じているお客さまも少なくありません。そこで有料老人ホーム事業者と提携し、お客さまのニーズに合った介護付き有料老人ホームなどを紹介して、お客さまの入居をサポートします。

提携している医療法人として医療法人はなまる会、提携している企業としてはＳＯＭＰＯケア株式会社、東急ウェルネス株式会社、株式会社ベネッセスタイルケア、三井住友海上ケアネット株式会社があります。ただし、入居に際しては、これら企業による審査があります。

具体的な各サービスの加入件数に

●図表３－３　いつでも安心サポートの利用状況

現金お届け	11 件
指定振込	194 件
代理人	10,921 件
見守り定期積金	1,129 件
リバースモーゲージ	18 件
いつでも安心口座	83 件
暦年贈与預金	53 件
家族信託預金	118 件
遺言・家族信託契約書お預り	5 件
公正証書遺言作成お手伝い	121 件
遺言執行紹介	42 件
有料老人ホーム紹介	18 件
任意後見制度紹介	128 件
サポート口座	33 件

2020 年３月末加入件数　12,874 件

ついては図表3―3のようになっています。

なお城南信用金庫では、グループ会社の一般社団法人しんきん安心サポートを通じて、遺言書作成業務などを行っています。その目安となる報酬価格表を載せます。リーズナブルな低料金で対応していることが、おわかりいただけると思います。

●図表３－４　遺言書作成業務報酬価格表

遺言書作成業務報酬価格表

一般社団法人しんきん安心サポート（SA）
平成28年１月21日現在

【SA手数料】

遺言書作成	200,000円
遺言証人（２人分）	20,000円

※上記手数料の他にも、出張費・交通費・各種資料の取寄せ費用、その他実費は別途ご負担いただきます。
※公正証書遺言の作成に当たっては、別途公証人手数料が掛ります。

【公証人手数料】

	遺言する財産の価額	公証人手数料
証書の作成	100万円まで	5,000円
	200万円まで	7,000円
	500万円まで	11,000円
	1,000万円まで	17,000円
	3,000万円まで	23,000円
	5,000万円まで	29,000円
	１億円まで	43,000円
	３億円まで	43,000円に5,000万円ごとに13,000円を加算
	10億円まで	95,000円に5,000万円ごとに11,000円を加算
	10億円超	249,000円に5,000万円ごとに8,000円を加算
遺言手数料	目的の価額が１億円以下	11,000円を加算
出張費用	日当	20,000円（４時間以内は10,000円）
	旅費	実費
	病床執務手数料	証書作成料金の１／２を加算

【計算例】
《計算例　1》3,000万円の財産を妻1人に相続させる遺言
証書作成23,000円＋遺言加算11,000円＝34,000円

《計算例　2－1》3,000万円の財産を妻と長男にそれぞれ1,500万円ずつ相続させる遺言
証書作成23,000円＋23,000円＋遺言加算11,000円＝57,000円
※遺言により相続する人が複数の場合、それぞれに手数料がかかります

《計算例　2－2》1億円の財産を妻に6,000万円と長男に4,000万円相続させる遺言
証書作成43,000円＋29,000円＋遺言加算11,000円＝83,000円
※遺言により相続する人が複数の場合、それぞれに手数料がかかります

《計算例　3》3,000万円の財産を妻1人に相続させる遺言（病院出張）
証書作成23,000円＋遺言加算11,000円＋出張日当10,000円＋病床執務手数料11,500円＝65,500円
※病床執務手数料は、遺言加算分を除いた証書作成費用の2分の1を加算します

●図表３－５　成年後見関連業務報酬価格表

成年後見関連業務報酬価格表

平成29年７月14日改定　　（金額単位：円）

<table>
<tr><td colspan="2" rowspan="2"></td><td colspan="2">しんきん成年後見サポート</td></tr>
<tr><td>一般</td><td>賛助会員</td></tr>
<tr><td>相談</td><td>相談料（電話・面談）</td><td colspan="2">無料</td></tr>
<tr><td rowspan="10">法定後見</td><td>申立書作成の取次ぎ</td><td>20,000</td><td>10,000</td></tr>
<tr><td></td><td colspan="2"></td></tr>
<tr><td>◎後見業務報酬</td><td colspan="2"></td></tr>
<tr><td>単独後見の場合</td><td colspan="2">家庭裁判所が決定</td></tr>
<tr><td>複数後見の場合（※各後見人の報酬割合を家庭裁判所に申請）</td><td colspan="2">家庭裁判所が決定</td></tr>
<tr><td></td><td colspan="2"></td></tr>
<tr><td>◎複数後見の場合のオプション（他の後見人様との契約により受領）</td><td colspan="2"></td></tr>
<tr><td>提出用公式書類作成のお手伝い（家庭裁判所または後見監督人）（１回につき）</td><td colspan="2">20,000</td></tr>
<tr><td>法定後見関連のサポート（１回につき）</td><td colspan="2">10,000</td></tr>
<tr><td rowspan="10">任意後見</td><td>◎当初契約時</td><td colspan="2"></td></tr>
<tr><td>任意後見契約書作成の取次ぎ</td><td>20,000</td><td>10,000</td></tr>
<tr><td>見守り委任契約・財産管理委任契約の同時取次ぎ</td><td>20,000</td><td>10,000</td></tr>
<tr><td>（見守り委任契約書作成のみ取次ぎ）</td><td>15,000</td><td>7,500</td></tr>
<tr><td>（財産管理委任契約書作成のみ取次ぎ）</td><td>15,000</td><td>7,500</td></tr>
<tr><td></td><td colspan="2"></td></tr>
<tr><td>◎委任契約履行時</td><td colspan="2"></td></tr>
<tr><td>財産管理の基本報酬（月額）</td><td colspan="2">5,000</td></tr>
<tr><td>見守り・財産管理の訪問報酬（１回につき）</td><td colspan="2">10,000</td></tr>
</table>

	◎任意後見監督人選任申立書作成（任意後見契約発効のため）	50,000	40,000
	◎単独後見の場合		
	任意後見基本管理料（訪問月１回、月額）	20,000	
	任意後見の訪問報酬（月２回目以降、１回につき）	10,000	
	◎複数後見の場合		
	任意後見基本管理料（月額）	5,000	
	任意後見の訪問報酬（１回につき）	10,000	
	複数後見の場合のオプション（他の後見人様との契約により受領）		
	提出用公式書類作成のお手伝い（家庭裁判所または後見監督人）（１回につき）	20,000	
	任意後見関連のサポート（１回につき）	10,000	
家族信託	家族信託契約書作成の取次ぎ	信託財産の0.5％	
	受益者代理業務（年額）	50,000	

遺言	遺言公正証書作成の取次ぎ	20,000	10,000
	遺言執行者としての報酬（基本料金＋個別執行報酬）		
	（基本料金…人件費、交通費、郵送費　他）＝（遺言執行サポート）	300,000	
	（金融機関の預貯金口座解約…１金融機関につき）	50,000	
	（貸金庫の解約…１金融機関につき）	50,000	
	（公社債・株式・投資信託の解約・名義変更…１金融機関につき）	50,000	

	（保険金の解約・名義変更…１保険会社につき）	50,000	
	（ゴルフ会員権の解約・名義変更…１会員権につき）	50,000	
	（その他の遺言執行業務および特殊な取扱い）	要相談	

死後事務	死後事務（右記金額は基本料金であり、「エンディングサービス契約の報酬内訳」をご参照ください）	300,000	
	〈葬儀等死後事務に伴う実費は、ご本人の残余財産の範囲内で支払うことになります〉		

講師派遣	成年後見制度に関するセミナーの講師料（１時間につき）	20,000	無料
	〈正会員職員対象については、１時間につき10,000円〉	—	
	〈信金主催の取引先対象については、１時間につき50,000円〉	—	
コンサルティング	信用金庫関係（原則として賛助会員への加入が条件）	—	
	信用金庫関係以外（１時間につき）	20,000	無料
	（法人設立・各種規程・総会等諸会議）・（総務・経理・労務等の運営） （企画・事務全般の運営）・（後見業務の具体的活動支援） （その他　損害賠償保険等）		

※　弁護士・司法書士・税理士等への業務委託費用（書類請求等の実費も含む）は、別途お支払いただくことになります。

※　「任意後見」における報酬価格については、財産の種類や数量により、別途加算させていただく場合があります。

※　遠隔地については、別途交通費が必要になることがあります。

※　各欄の「報酬価格」には、別途消費税がかかります。

後見制度の最前線

「成年後見サポート口座」を作りたいと思ったきっかけの一つとなっているのは、区長申立てによる法定後見の受任があり、まずこれがスタートでした。

窓口で高齢者ご本人が相談する、あるいは高齢者のいる家族が相談に来る場合は、たとえば法定後見の手続きを進めるのをお手伝いします。またその前段階で、まだ任意後見で大丈夫というケースでは任意後見契約の手続きをお手伝いすることもあります。もちろん、遺言書や家族信託も取り扱っています。

それ以外に、セミナーなどでのPR活動も行っています。さわやか・芝・湘南・城南・目黒の5つの信用金庫には約300の店舗がありますが、そのお客さまを対象としたセミナーを行っています。また、お客さまの個別相談に応じてご自宅まで出向くこともあります。

たとえば、来店されたお客さまが印鑑を間違えて持ってきたとか、通帳を忘れたというケースが複数回重なった場合に、成年後見制度をお勧めすることがあります。お話したことが5分後にはわからなくなっている方、何度も通帳をなくされる方、印鑑を紛失される方、車で来店されたのに、帰りには自動車の運転の仕方がわからなくなってしまった方もいらっしゃいました。正常な時もあるが、長続きしないとか、瞬間的に記憶が途切れる、そういう方々が最近増えているように思えます。

こういう場面はいわば、誰が見つけてくれるかという後見制度の最前線といえます。それだけに、金融機関サイドとしては深刻な問題であり、たとえば高齢のお客さまが単独で、あるいはご家族と一緒に来店されて、店頭で現金払戻しの請求をされたときに、法的な行為能力があるかどうか、非常に心配になることがあります。

法的行為能力がない場合のリスク

法的な行為能力がないことが客観的に明らかであるにもかかわらず払戻しをした場合、その行為は無効になってしまいます。取り消された場合は、金融機関としては二重払いせざるを得なくなります。そうなると、払戻しができるかどうか、躊躇します。これはむずかしいと判断すると、今回は払戻しするにしても、次回以降は後見人を付けていただいたうえでお支払いに応じたいと思います、という話にならざるをえません。どの金融機関でも大きな問題になっています。

では、金融機関として法定後見にどう取り組むかとなると、お客さまご自身でやってください、というわけにはなかなかいきません。そうなると、SKサポートがあり、ご相談に乗りますから一度会ってみてください、親身に対応しますからと、サービスの一環としてお客さまのご要望にお応えしていくことができるわけです。こういうケースは非常に増えていますので、どの金融機関にとってもきわめて重要な問題です。

認知症を見つけるきっかけ

高齢のお客さまを診ている医者の話では、認知症といっても、今日突然になるわけではないので、徐々に認識レベルが下がっていく、できることが減ってきてしまうというのが実情です。金融機関の窓口で行う日常的な行為は、認知症の症状が出やすい、判別しやすい面があります。お金を出したりお釣りを受け取ったり、あるいは暗証番号を入力したり、伝票を書いて押印するとか、複合的な行為や数字を伴う行為を扱っているのが金融機関の窓口なのです。

現代では、どなたでも金融機関の窓口との接点はあります。そういった場での取引で、ちょっと不自然だとか、おかしいぞ、といったケースで一番見つけやすいのが金融機関の窓口です。ご本人がそういう状態になってきたことを発見するチャネルとして金融機関は大きな期待を背負う場所ではないかと思います。

とりわけ信用金庫は、地域貢献という公的役割を担っている立場から、より敏感になっていますし、窓口対応が多いところです。大量高速な処理を求められる大手銀行ではATM対応が大部分で窓口対応は限られており、そこが違います。

信用金庫の場合、高齢者が隔月窓口で年金を下ろしにくるケースが多く、公共料金を払いにくることもまだまだあります。非効率といえばそうなのですが、直接お客さまと接する機会が多くありますので、体調や精神面での不調も発見しやすいポジション、しかも馴染みのお客さまが多く、年に何回も来られるので、前回との違いがわかります。

長年お付き合いいただいているお客さまが高齢化に伴い、だんだん調子が悪くなってきているのを目の当たりにすることがあります。よく調べてもらうと認知症が進んでいたというケースも増えてきました。

任意後見でも積極活動

成年後見制度は大別すると、法定後見制度と任意後見制度の2つに分けられます。

前者の法定後見制度は、すでに判断能力が不十分になってしまっている方を対象とした制度で、端的に言うと家族等から家庭裁判所に成年後見開始の申立てをしてもらい、審判のうえで成年後見人を決めてもらう制度です。この制度を利用すると後見人として誰が選任されるかわからず、たとえ、被後見人が「息子に後見人を任せたい」という意思を持っていたとしても、裁判官が「弁護士等の専門職に任せる」と判断してしまうと、これを覆すことができないというやや窮屈な一面があります。

一方、後者の任意後見制度は、判断能力が十分にある方を対象とした制度で、元気なうちに任意後見受任者を決め、公正証書で契約をしておき、実際に判断能力が低下した際には裁判所に後見監督人を選任してもらい、あらかじめ契約していた内容に従って任意後見人による後見をスタートさせる制度です。この制度を利用すれば、見ず知らずの専門家が自分の財産管理に介入してくる心配もなく、前述のように息子を後見人にしたければ、事前に任意後見契約を交わしておくことで、万が一の際には息子に後見人を任せることができるなど、お客さま自身の意思を反映させやすいというメリットがあります。

元気なうちにお客さまに任意後見などをお勧めすると「縁起でもない」と嫌な顔をされることもあります。私も営業店に在籍していた際、ある大手金融機関の営業担当者から遺言書作成のセミナーの勧誘を受けたお客さまから、「あなたはもうすぐ死にますよ、とでもいっているのかね。縁起でもない」という話をされた経験があります。

しかし、最近は「縁起でもない」と嫌な顔をするお客さまよりも、「きちんと準備をしておかなければいけないよね」と相続対策等の必要性をきちんと認識しているお客さまのほうが多い印象をもっています。さまざまなメディアで相続について特集が組まれ、お客さまが目にする機会が増えているので、関心が高まっているのだと思います。

こういった社会状況もあり、城南信用金庫では、日頃の取引を行っているすべての高齢のお客さまにこの任意後見制度を積極的にお勧めしています。

また、亡くなってしまう「Xデー」とは別に、認知症などによって自由に取引ができなくなってしまう「もう一つのXデー」を強く意識することがとても重要です。継続的にお声掛けすることも、金融機関の大切な役割の一つだと考えています。

遺言書の課題と遺言代用信託

城南信用金庫とＳＫサポートの高齢者支援への関わり方ですが、ＳＫサポートが成年後見分野に重点を置いているのに対して、城南信用金庫は遺言関連業務にも重点を置いています。

遺言はいま大きな問題を抱えています。公正証書遺言をつくる人が増えていますが、公正証書遺言はつくったあとに取り消すことが可能です。相続人たちが合意して別の内容を決めてしまえば、被相続人の意向とは異なる資産承継ができてしまいます。声の強い人が主導権を握ってしまうと、その人に有利な方向に引っ張られてしまいがちです。相続させるべき不動産を売ってしまったり、金融機関から預金を移してしまったりと、遺言書自体が有効性を失ってしまうこともあります。きわめて脆弱な仕組みなのです。

これを防ぐには、信託契約により事前に明確な形で総資産を保持する手段を講じる必要があります。ほとんどの家族信託は遺言代用信託の要素を持っています。

家族信託への取組み

城南信用金庫として、信託を使った遺言書の活用を進めてきました。成年後見で遺言書を作る場合の問題点は、基本的には法定後見でも任意後見でも、ご本人のためにしか預金を使えないことです。言い換えると、ご家族のためには使えない点です。これが後見制度の問題点の一つだと気づきました。多少は融通がきかないんですかと聞いたところ、同居親族の日常生活費程度ならＯＫという後見人もいれば、それもダメですという人もいます。ひどい後見人となると一切ダメという人もいます。

そうすると、一家の家計を支えて一家の財産も管理していた父親が認知症になってしまうと、家族はそのお金を使えなくなってしまい、結果として生活に困窮する家族も出てきます。これは困った、何か方法はないかと考えていたところ、法務省ご出身のＳＫサポート顧問の方が「それを解決するには家族信託という良い方法がありますよ」と教えてくれました。

家族信託というのは、遠藤英嗣弁護士が研究され、段々世の中に普及してきた制度ですが、いわば「家族のお財布」です。

個人財産はその人個人、たとえば山田太郎さんなら山田太郎さんのためにしか使えません。家族信託では、山田太郎さんがたとえば1000万円なり2000万円なりを別に切り分けて家族全員で使えるお金として信託財産にします。そして信託契約書の中に「家族全体の幸せのために使ってください」と書いておけば、家族みんなで食事会に行くときにも使えます。つまり、個人の財布と家族のための財布を切り分けることができるのです。

城南信用金庫では、遠藤先生のご指導のもと家族信託預金口座というものを作りました。これは、城南成年後見サポート口座とはパラレルな関係になっています。城南成年後見サポート口座にはA・B・Cがあります。

A口座は一人で下ろせるもの、B口座はSKサポートと品川区社会福祉協議会が共同で管理するもの、そしてC口座は、SKサポートと家庭裁判所が直轄管理する口座です。それとパラレルに存在するのが家族信託預金口座です。

いいかえれば、家族信託預金口座Aは受託者一人で下ろせるもの、家族信託預金口座Bは受益者代理人と共同で管理するもの、という形でつくったわけです。

高齢者の皆さんの意見を代弁する、財産を守る一助となるべく受益者代理人として機能する、というサービスも作ってみました。そういう形で家族信託というものをさまざまなケースで、遠藤先生と一緒に研究し、解決してきました。

城南成年後見サポート口座Bと城南成年サポート口座Cは、どちらも被後見人の財産管理を確実に行うために企画された商品ですが、

(1)　城南成年後見サポート口座Bは、後見人と後見監督人の二者で後見業務を行っている場合の資金管理に適しています（二者で印鑑を届け複数で払戻手続きを行うため）。

(2)　城南成年サポート口座Cは、後見監督人がいない場合で、家庭裁判所への上申と指示により資金管理を行う場合に適しています。地方など信託銀行の支店がない場合に地元の信用金庫・信用組合などで口座開設できる利便性があります。

使い勝手がよい家族信託の活用事例

城南信用金庫としてお手伝いしてきた、家族信託の具体例を紹介します。一番多いのは、単純に預金をご家族で使えるようにしたものです。もう少し進むと、不動産も含めて

信託財産にすることもあります。アパートなどの資産を所有する父が高齢で、今後の認知症などが心配になったケースです。

また、両親と娘さんの家族では、お父さんは自分が亡くなった後、お母さんは大丈夫かと心配します。両親が元気なうちは誰かに財産管理を任せておき、亡くなったら子どもに「売っていいよ」というケースが多くなっています。

さらにお父さんが委託者として土地やお金を長男・長女に委託します。お父さんが亡くなったらその財産は第二受益者のお母さんにいくようにします。そして、お母さんが亡くなったら長男・長女が半分ずつ受け継ぎます。あるいは、土地・建物は長男、お金は長女という分け方もあります。

お父さんからすれば、自分や奥さまの将来の人生設計が家族信託契約書にしっかり書き込めます。最終的には遺言書と同じように、資産承継の道筋も立てられます。後々、子どもたちが財産の継承をめぐって争いになることも防げます。

また、稀に、孫やひ孫に至る後継ぎ遺贈型家族信託（受益者連続型信託）もあります。これは不確実な側面もあり、むずかしいです。家族信託は決まったフォーマットによるものでなく、オーダーメイドの世界です。ある程度のパターンはありますが、基本的には1点ものです。

相談事例①
判断能力が低下したら財産管理・処分ができない?

【ご相談】　父はアパートなどの資産をいくつか持っていて、今後、建替えが必要ですが、**高齢で最近物忘れが増えており、認知症などが心配**です。

【何もしなかった場合】　認知症などで判断能力が喪失した場合には、アパートの管理や建替え、売却処分などができなくなってしまいます。

【成年後見制度を使った場合】　親族が成年後見人になれないケースが多く、また本人にとって意味ある支払いしか認められずに、相続対策としてのアパートの建替え、売却等の処分はできません。

【家族信託の場合】　所有者である父を委託者、子を受託者、父を受益者として、父の不動産などの資産を信託財産とする**信託契約を締結して、子に管理や処分を任せれば安心**です。
子は父の代わりに金融機関から借入れもできるため、**アパートを建替えしたり、新たな物件を購入するなどの相続対策も可能**になります。

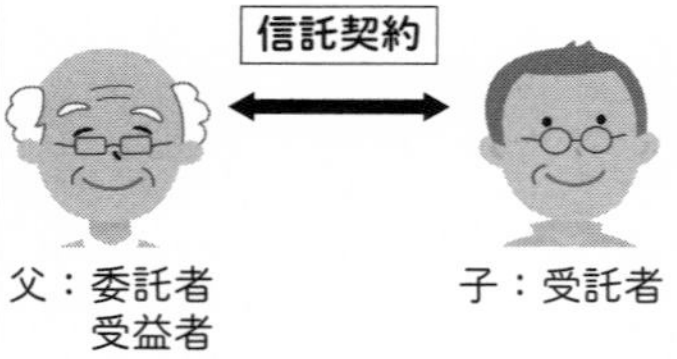

①預金だけ、②預金と不動産、③後継ぎ遺贈型の3つが基本パターンで、そこに融資もからんできます。

たとえば、土地を持っているお父さんがそこにアパートを建てる計画を立てていましたが、契約書に押印する段階でボケてしまったというケースもあります。こういう場合も信託契約で決めておけば大丈夫です。何代にもわたる事業を行っている場合、現経営者たるお父さんが万一、法的行為ができなくなってしまっても、スムーズに事業を継承できる信託組成も可能です。

財産があまりないケースでも有効です。ご両親二人で住んでいる家があり、子どもたちは独立して別のところ

相談事例②　相続後の共有トラブルを防ぎたい

【ご相談】夫が他界し、今は長女と私名義の自宅兼賃貸マンションの自宅部分に同居して面倒を見てもらっています。資産はこの不動産だけです。

・長男は家族とマイホームで暮らしています。
・**私の不動産は長女に相続させたいと考えていますが、長男に相続させるものがなく、どうしたらよいか困っています。**

【何もしなかった場合】母の相続が発生すると、不動産が長男と長女の共有になってしまいます。

・長女に不動産を相続させる旨の遺言がある場合でも、共有にせず、長女が不動産を相続する場合には、長男に遺留分相当額の代償金を長女が長男に支払わなければなりません。

【家族信託の場合】所有者である母を委託者、長女を受託者、家賃を受け取る権利を母とするため、受益者を母とする信託契約を締結します。

・将来、母が判断能力を喪失したり、死亡した場合でも、受託者である長女が、不動産の修繕や建替え、売却を行うことができます。
・信託契約の中で、**母の相続発生時に、受益権の4分の3を長女が、4分の1を長男が継承すると定めておけば、長男は遺留分相当額を相続したのと同じ**になります。

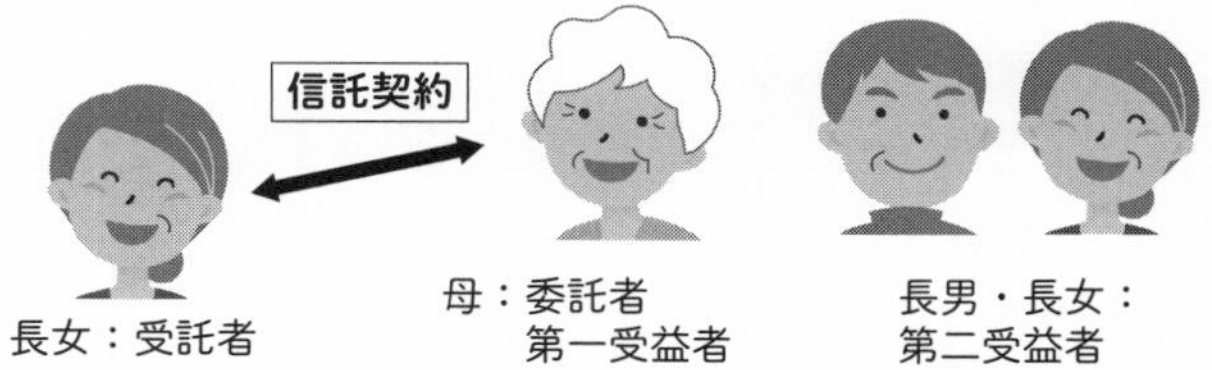

に住んでいるというケースがありました。子どもたちから相談を受けたことがあります。両親は将来、年老いて自宅を売って老人ホームに入りたいと思っています。しかし、売却手続きをしようとしたら「認知症だから売れません」という報道をテレビで見て心配になったというのです。何か良い方法はないか、との相談でした。

この場合、自宅を家族信託の財産として繰り入れて、お子さんが受託者になり、親が将来認知症になってしまった場合はお子さんが売却するという方法を提案します。不動産管理処分信託というものです。売買できるようにするための、一種の委任状のようなものです。事前にこういった対策をとっておかないと法定後見で対応せざるをえなくなり、大げさな手続きが必要になってしまいます。

これらの信託は、紹介した具体例でもわかるように、画一的ではなく、すべてオーダーメイドの手づくりになっています。そこに信託の意義があり、また、つくり手としての醍醐味もあるわけです。

遺言書より使い勝手がよい遺言代用信託とは

遺言代用信託というものもあります。遺言は取り消されることもあるのに対して、より確実に財産を継承できる制度です。

不動産は信託財産として登記しますので、そう簡単には売れなくなります。遺言ですと「この土地・建物は君にやる」と言われていても、売られてしまえば対抗できません。信託ですと契約締結後に登記されるので、第三者が売買することは基本的にできません。財産分与機能としては、遺言代用信託は非常に強力です。むしろ、今後は遺言書よりも普及する可能性を持っています。

公正証書遺言は作るのに非常に手間がかかります。作っている途中で本人が亡くなってしまうケースもありました。信託契約書ですと、委託者と受託者が署名すれば成立し、その契約は有効となります。瞬時に財産分与方法を決めておくことが可能なのです。スピードという点でも、効力の有効性という点でも信託は優れています。そういう面でも、信託は遺言書に代わる大きな役割を担うものになると思います。

遺言代用信託は途中で信託財産の修正ができるメリットもあります。借地権整理のための不動産管理処分信託もあります。共有名義の不動産を数人の子どもたちが継承するという場合、建物の修理・修繕ができなくなってしまいます。共有名義を防いで責任者を決め、きちんと財産管理ができるのが家族信託の利点です。共有回避のための不動産管理処分信託です。

さらに、自社株にも活用できます。事業を営んでいるお客さまですと、財産の大部分が自社株ということも少なくありません。長男・次男がいると、遺留分もあるので、次男にも自社株の一部を分けなければいけません。そうすると会社経営に支障をきたしてしまいます。長男に信託して、次男は受益権で分与するというやり方もあります。遺留分回避のための受益権です。

経営者たるお父さんが認知症になってしまうと、株主総会が開けなくなってしまうという問題があります。そういうときに備えて自社株を長男に信託しておきます。ただし、指図権は自分で持っておく、そんなやり方もあります。事業承継のための信託です。二代・三代先の承継まで考えた信託が可能です。第三者に売却するＭ＆Ａも最近は増えていますが、お父さんが認知症になってＭ＆Ａの契約ができなくなることを防ぐための自社株承継信託を使うことも考えられます。

不動産の場合も長男に受託者になってもらい、次男は受益権を享受します。次男が亡くなった際には長男の子どもに返してもらうということもできます。このようにして、一家の財産が散逸するのを防ぐ効果があります。信託は非常に多くの可能性を秘めているのです。

さらに、後妻をもらった場合、後妻が遺産をすべてもらってしまうとなると、先妻の子どもたちが異を唱える、というケースもあります。お父さんとしては後妻も先妻の子どもも大事ということで、後妻が亡くなった後には子どもたちに財産がいくようにすることもできます。

このように、信託契約は使い勝手があります。家族信託は簡単なものから複雑なものまで、いろいろな可能性があります。スピードも早いですし、対応力という面でメリットが多いのです。

遺言や成年後見制度と親和性の高い、それらをクロスオーバーして使える制度といえます。遺言と後見、両方の機能を持った信託をうまく組み合わせて3点セットができます。

管理型信託のメリットを活かす工夫

管理型信託とは、受託者が委託者などの指図に基づいて資産管理をする信託を言います。管理型信託は指図人がいて、その元に信託会社が財産を管理する、恣意的なところのない、財産管理に特化した信託です。高齢者福祉に十分対応できます。指図人には誰がなるかといえば、お客さま本人が自分で指図すればよいわけです。その人がダメであれば後見人が後見指図人を決めることもできます。

ＳＫサポートが後見指図人になることもできます。あるいは、品川区社会福祉協議会が後見指図人になることもあります。いろいろな形が考えられます。

ですから、一般金融機関が管理型信託に取り組めば、高齢者福祉の向上につながるのではないかと思います。

障がいのあるお子さんをお持ちの方からの相談も多くあります。認知症の高齢者と同じくらいの数の障がい者がいらっしゃるとも言われています。身体、精神、発育などさまざまな障がいがあります。お子さんに障がいがある場合は、親としては、自分が死んだ後のお金の心配があります。そういう子どもを持つ親御さんにも信託は有効です。

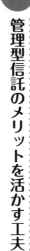

この場合、お子さんは当事者能力がないということで、普通は家族信託の受託者になれません。これを管理型信託で解決できないか、という命題もあります。家族信託もオールマイティではありません。家族がいないとできません。家族が信頼できない場合もそうです。家族信託に関して家族で相談すると、意見が食い違うことも多々あります。いろいろな問題でつぶれることも多いのです。しかし、そこに商事信託の要素を混ぜると、お客さまが本当にやりたいことが実現でき、ご本人の意思を１００％尊重できるという点がポイントです。

お子さんが正式に障がい認定を受けている場合は、年金がかなり充実しています。手厚く設計されていますので、普通に生活する分にはお金に困ることはありません。

問題は国や自治体の認定を受けず、体裁が悪いなどといって子どもの障がいを隠している親の場合です。こういう方のお子さんこそ、親が亡くなると困ってしまいます。結果として、表に出たときは問題になりかねません。

隠すのはいちばんダメで、困っていたら相談していただくのが一番です。支店の窓口で「子どもの障がいで困っているので、相談に乗ってほしい」と言われることもあります。一人で悩まず、行政の支援をきちんと受ければ、それなりの手厚い制度があります。さまざまな障がいを抱えている方は、つつみ隠さず相談していただきたいと思います。

福祉型信託会社の設立を目指す

しかし、ご家族がいない場合は家族信託の受託者がいません。一人暮らしのお年寄りで認知症になったときに備えての財産管理を何とかしたいというニーズは高いものがあります。

そういうときには、商事信託が必要になってくるということで、私どもは商事信託会社を作ろうと検討を重ねているところです。信託法の権威である新井誠中央大学教授、品川区社会福祉協議会とともに、地域の社会福祉のための日本で初めての福祉型信託会社をつくろうとしています。地域の福祉増進のための、地域連携ネットワークを用いた福祉型信託会社を設立しようということで、いま金融庁に打診しているところです。

いままでの信託銀行とはちがって、地方公共団体と一緒になって地域金融機関が新しい会社を設立し、これが中核となり複数の金融機関が連携し、共同で運営していくものです。地域のすべての方々に利用していただけるような、低コストの信託サービスを提供するものです。福祉のためですから、家族信託にきわめて近いといえます。不動産、金銭、自社株といった多様な資産を信託できるような、民事信託の内容に近い、新しい信託サービスを提供しようと、いま研究しているところです。

信託会社の設立は事務手続き面で非常にハードルが高いのですが、所管法令の信託業法では、その仕組みを利用してよからぬこともできてしまうという側面もあり、金融当局としても非常に慎重になっています。一方、今の信託銀行は福祉業務には消極的です。ハードルは高いといっても、金融機関が関与している信託会社については、もっと弾力的に認可してもよいのではないか、と思います。そもそも金融機関は、個人情報保護やマネーローンダリングをはじめ、さまざまな規制をクリアして仕事をしています。そういうメンバーが扱う信託はまったく問題ないはずです。規制のレベルを一般会社と同じところからスタートするのはどうか、と思います。

信託銀行に代わり、どなたでもご利用いただける、リーズナブルな会社の設立を目指して工夫を重ねています。現行法の範囲内での設立が可能です。実現すれば画期的なものになります。日本初の福祉型信託会社です。しかも地域連携ネットワークを用いた点が特色です。

これが全国に広まっていけば、数百万人といわれる認知症の方々の財産管理が厳格にできます。成年後見よりもはるかに強力な財産管理機能を持っています。金融機関が間に入り、代理店となって請け負っていくわけですから、とても安心です。

「城南なんでも相談プラザ」での事例紹介

城南信用金庫では、２０１５年６月に「城南なんでも相談プラザ」を開設しました。これは顧客の売上増強や販路拡大、起業、技術開発、事業承継、Ｍ＆Ａ、税務・法律、そして相続対策などにワンストップで対応できるものです。本店３階に開設した同プラザでは、重要相談テーマの一つとして、高齢者向け総合サポートサービスである、「いつでも安心サポート」の取扱いを同時に開始しました（89ページ参照）。

原則、面談場所は城南信用金庫本店（品川区西五反田７−２−３）の３階にある「城南なんでも相談プラザ」となります。プラザでの相談は無料です。平日午前９時から午後５時まで受け付けており、相談時間は１回１時間となっています。

これまでに相談をお受けしたものの中から、高齢者の心配ごと、相続や成年後見などに関連した事例を紹介します。

事例1　精神疾患のある娘の将来を考え任意後見制度の手続きをした場合

ＳＫサポートの勉強会に出席したお客さまがいました。財務内容がしっかりしている無借金会社の社長（女性）で、先代社長であるご主人も引退していますが、資産はかなりお持ちです。実は成人している娘さんがいますが、精神疾患を患っています。一番の心配事は娘さんの将来で、自分が面倒を見られるうちはよいが、自分が動けなくなったら娘さんの面倒を見る人がいない、それが心配でした。

城南なんでも相談プラザを経由して、ＳＫサポートに相談することができました。娘の将来の生活費の面も心配であることを伝えられました。そこで、本人、夫の任意後見制度の利用と公正証書遺言の作成を行ったほか、娘さんの将来を考えて、ＳＫサポートを後見人に指定して、任意後見制度の申込みを行いました。夫婦の将来にわたっての安心と、母親として最も心配していた娘さんの将来について十分生活できるだけの資産を残すことができたと、大変喜んでいただきました。

事例2　相続時の娘への負担軽減を図った対応の場合

ご主人は10年ほど前に亡くなり、母親と娘の二人暮らしの方です。娘さんは精神疾患を患っていました。夫が亡くなったときに多額の相続税を支払いました。税理士と相続税対策を検討し、対象物件の法人個人売買（法人に対して当金庫融資5億円）を行いました。相談者である母親は高齢であり、自分自身の健康面と娘の将来を心配されていました。所有不動産についても娘が独身であり、今後、娘が相続したとしても、娘の後は○○家の名前がなくなってしまうことを心配していました。

城南なんでも相談プラザを経由して、ＳＫサポートに相談がありました。そこで、母親の任意後見制度（後見人＝しんきん成年後見サポート）と、相続時の手続きを娘が行わなくて済むように、ＳＫサポートを遺言執行人として公正証書遺言を作成しました。

事例３　すでにある公正証書遺言を再作成した場合

遺言書作成から時間が経過しており、また、遺言執行人を親族にしていたものの不安を感じていたお客さまがいました。この方も、城南なんでも相談プラザを経由して、ＳＫサポートに相談がありました。

そこでお客さまの資産の現状と相続財産の配分希望をお聞きし、公正証書遺言を再作成することにしました。遺言執行人もＳＫサポートに変更するよう手続きを行いました。お客さまは、自分の思いを具現化でき、また、遺言執行人をＳＫサポートに変更できたことで、将来に対しての不安がなくなり、非常に安心していただくことができました。

事例4　遺言執行人を指定し暦年贈与預金を活用した場合

賃貸不動産を多数お持ちの個人で、企業を経営しているお客さまのケースです。子どもは2人で、長男には不動産賃貸業と経営法人を継承予定であり、長女は優良企業の役員に嫁いでいます。預金資産も多いお客さまです。相続では、自宅は妻に、賃貸不動産は長男に、そして預金の半分程度を長女に分けたいとのことでした。城南なんでも相談プラザを経由して、ＳＫサポートに相談がありました。

具体的には、公正証書遺言にて遺言執行人をＳＫサポートに指定し作成しました。孫2人、長男の妻にも財産を残したいとのことなので、孫、長男の妻に加えて妻、長女、長男が暦年贈与預金に加入することにしました。このケースでもお客さまに喜んでいただきました。

事例5　不動産賃貸業の父親を持つ息子が家族信託で心配事を解決した場合

高齢のため、数年前に長男を代理人として城南信用金庫の代理人サービスに加入していました。その後、代理人となった長男が頻繁に来店するようになりました。支店職員と面談する中で、長男は老いた父が不動産賃貸業を行っていることが心配との説明がありました。城南なんでも相談プラザに相談したところ、家族信託を勧められ、後日、プラザの担当者と、ＳＫサポートスタッフとも面談しました。

具体的な対応策としては、長男を受託者として、家族信託で心配事を解決することとなりました。

事例６　家族信託と任意後見を使ったお客さまの場合

平素、よく支店に来られるお客さま（女性）のお母さまが、病気で入院されたことを聞きました。お母さまは現在、一人暮らしです。お母さまの退院後の生活が心配であり、できればお母さまと一緒に暮らすことを希望していました。お母さまは自宅が持ち家であったので、将来的に売却が必要です。どうしたらいいかと、城南なんでも相談プラザとＳＫサポートに相談がありました。

まず、城南なんでも相談プラザで、お客さまとお母さまが二人で暮らせる賃貸マンションを紹介しました。さらに将来的な売却を視野に入れ、自宅をお客さまに信託する内容で家族信託を組成しました。お客さまがお母さまの任意後見人となりました。このケースもお客さまに喜んでいただきました。

事例7　家族信託融資での借換えも使い家族信託を契約した場合

お客さまの実家の親は高齢であり、賃貸業と相続対策に不安を抱えていました。当金庫が家族信託を専門的に行っていることをお客さまが調べて、相談に来店されたケースです。

城南なんでも相談プラザに相談し、顧問弁護士を紹介しました。お客さまが受託者となり、実家の不動産賃貸業を行う家族信託を希望されていました。実家では現在の取引銀行でアパートローンがあったため、家族信託融資での借換えを提案しました。顧問弁護士が、家族信託融資を含めた家族信託契約書を作成し、家族信託の契約に至ることができました。

第4章
後見制度の基礎を知る

金融審議会市場WGが高齢社会の資産形成・管理で報告書

日本では、人口減少高齢化が進んでいます。特に、長寿化が進み、人生100年時代と呼ばれるような超高齢社会を迎えています。

超高齢社会の金融サービスはどうあるべきか。個々人の中では人生100年時代に備えた資産形成や資産管理にどう取り組むべきか、どのような金融商品・金融サービスを利用することが望ましいかが問われるようになっています。

このような問題意識のもと、金融審議会市場ワーキング・グループでは、超高齢社会のあるべき金融サービスのあり方を2019年（令和元年）6月に「高齢社会における資産形成・管理」として報告書をまとめ提言を行いました。いわゆる「2000万円問題」のきっかけとなったこの報告書は、麻生金融担当大臣が受取りを拒否した結果、正式な報告書としては陽の目を見ませんでしたが、超高齢社会における金融サービスのあり方について参考となる指摘が多々あります。

（注）人口に占める高齢者（65歳以上の人）の割合が7％を超える状態を「高齢化社会」、14％を超える状態を「高齢社会」、21％を超える状態を「超高齢社会」といいます。日本は2007年に「超

●図表4－1　健康寿命と平均寿命

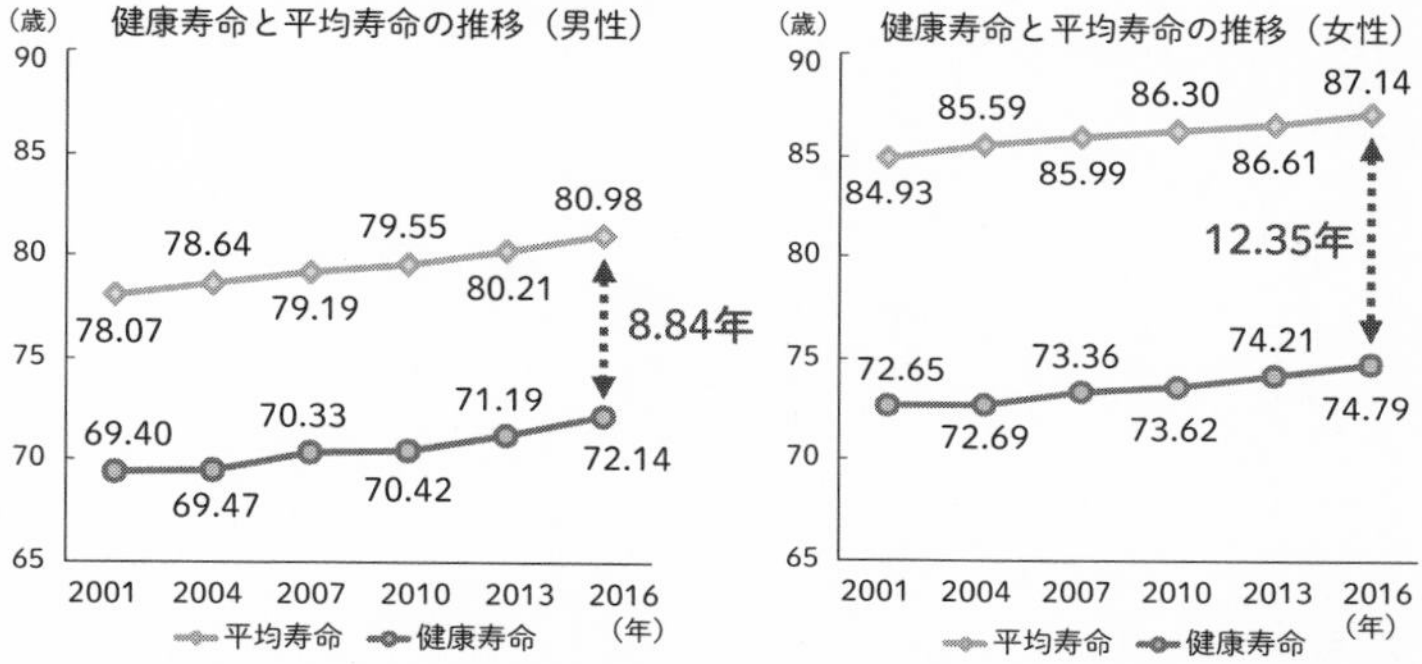

（出典）厚生労働省「第22回完全生命表」、「平成29年簡易生命表」、厚生労働科学研究班「健康寿命における将来予測と生活習慣病対策の費用対効果に関する研究」（平成24年度）、「健康寿命の全国推移の算定・評価に関する研究―全国と都道府県の推移―」（平成29年度）より、金融庁作成をグラフ化

高齢社会」を迎えています。

そこで、この報告書に沿って、超高齢社会の現状と、成年後見制度の方向性について、見ていきたいと思います。

日本の超高齢社会を取り巻く環境変化ですが、医療技術の進展と相まって、現在、平均寿命は、男性約81歳、女性約87歳と伸びています。一方で、健康寿命は男性約72歳、女性約75歳となっています（図表4—1）。このことから、同報告書では、「平均寿命から考えると、9～12年は、就労が困難など、日常生活に何らかの制限が加わる形で生活を送る可能性がある」としています。

さらに、「金融面でいえば就労の困難化に伴う収入の減少や、介護費用など特別な費用がかかることによる支出の増大といった家計の影響のほか、金融機関の窓口へ出向くことが困難になるなど円滑な金融サービスの利用にも支障が出るようなことになることから、この健康寿命と平均寿命の差を縮めていくことが重要である」と指摘しています。

また、高齢化が進むにつれて平均寿命と健康寿命の間の時期で、認知症などにかかり介護が必要になるという問題が出てきました。

２０１２年時点で65歳以上の認知症の人は約４６２万人、65歳以上の７人に１人が認知症と見られています。さらに、記憶などの能力が低下している状態といわれる軽度認知症の人は４００万人と推定されています。２０２５年には、認知症の人は７００万人まで増加するものと見込まれています。「これは65歳以上の５人に１人が（認知判断能力に何らかの問題を有する）該当することになる」（同報告書）としています。

●図表４－２　日本の認知症人口の予測

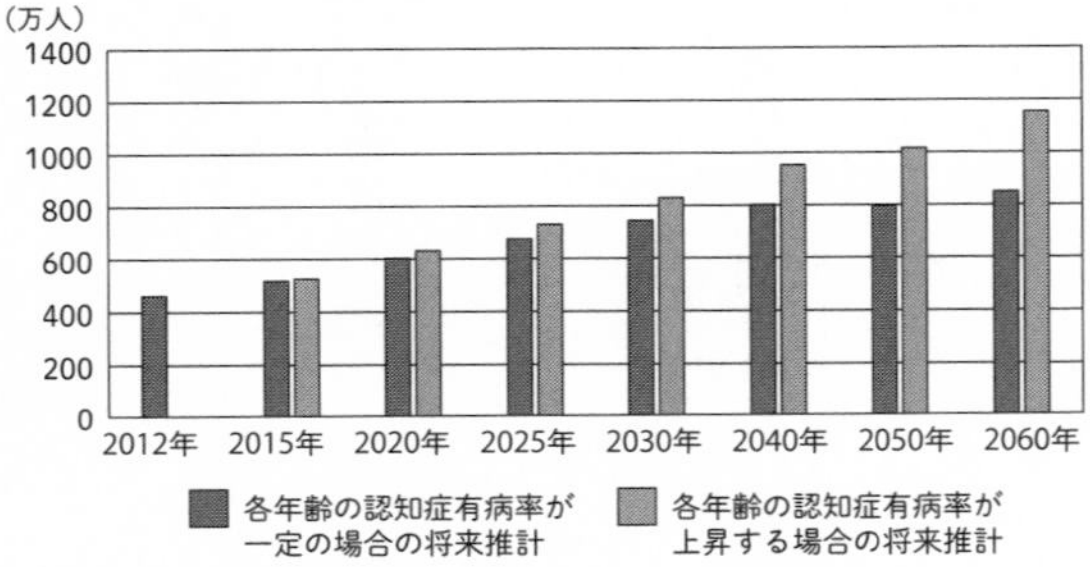

（出典）厚生労働省「成年後見制度の現状」（2019年５月）をグラフ化

認知症人口の予測については、厚生労働省が２０

１９年に発表した「成年後見制度の現状」に詳細な数字が載っていますので、その数字を使ってグラフ化しました（図表４―２）。これを見ても、今後、認知症を発症する人の増加が懸念されています。

判断能力に欠け、認知症と思われるような状態になっていると判断されると、口座が凍結されることがあります。さらに不動産取引でも、契約者本人が認知症であることから第三者への転売が無効とされたケースは少なくありません。生きているのに、本人の財産管理が自分でできなくなるケースがありえるわけです。

本人だけでなく、家族やさらに本人と取引のある金融機関や企業も、円滑な商取引ができなくなってしまいます。

こうした認知能力に支障がある人や障がい者の生活や財産を守ることを目的とした制度の一つとして、成年後見制度があります。報告書では、成年後見制度の利用は同時期に制度がスタートした介護保険制度に比べると現状低調ではあるとしているものの、「国が策定した成年後見制度の利用を促進する計画に基づく環境整備が進んでおり、認知症の人も含めて今後、成年後見制度を利用する者が増加することが予想される」と指摘しています。

さらに報告書では、「同制度の枠組みに入る金融資産が大きく増加していくことが予想されるなか、これをどう管理していくかは重要な課題の一つ」と指摘しています。

同報告書では、「認知症には記憶障害と判断力に障害が生じ、これまでできた計画や段取りが立てられなくなり、例えば将来の備えを使ってしまうなど、資産寿命を短縮させる恐れがある」と指摘します。そして、具体的な対応策として、たとえば以下の対策が有効と考えられるとしています。

・取引関係のシンプル化など、金融面の自身の情報を整理するとともに、適切な限度額の設定など、使いすぎ防止のための手段を講じる。
・金融資産の管理方針（運用・取り崩し、財産の使用目的、遺産相続方針等）を決めておく。
・可能であれば、金融面の必要情報（財産目録、通帳等の保管、上記の金融資産の管理方針等を、信頼できる者（注：任意後見制度を利用して、将来の財産管理などを、信頼できる者に依頼しておくことも考えられる）と共有する。

報告書は「これらにより、たとえ認知・判断能力が低下した場合でも、資産寿命の短期化をある程度防ぐことができると考えられる。またこうした能力を喪失した場合でも、予め共有された情報や方針に基づき、周囲の者が本人の金融行動をサポートするとともに、周囲の混乱も抑えることができると期待されている」としています。任意後見を含めた後見制度の重要性を認めた内容となっています。

成年後見制度には複数の類型がある

●図表4－3　成年後見制度の類型

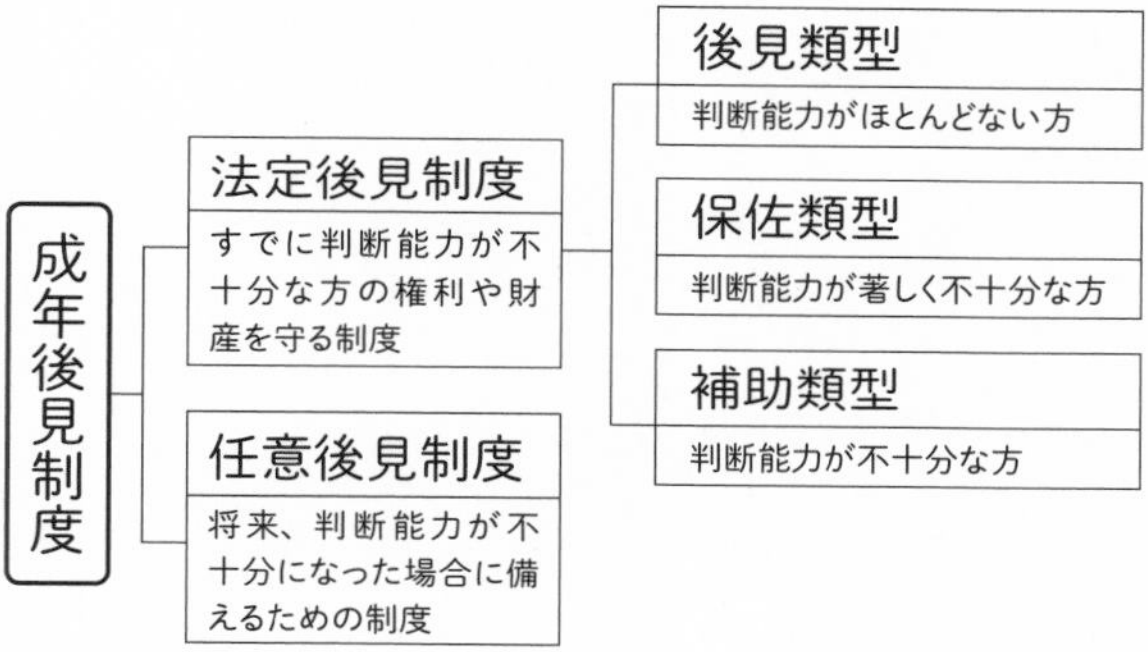

金融審議会市場ワーキンググループの報告書でも触れられている「成年後見制度」は、超高齢社会の日本にとって、ますます重要な仕組みになりそうですが、どのような仕組みなのでしょうか。

認知症、知的障がい、精神障がいなどによって判断能力の不十分な方々は、預貯金や不動産などの財産管理だけでなく、ご自身の身の回りの世話のために介護サービスなどを受ける、あるいは施設入所のための契約を結ぶことが困難な場合があります。また遺産分割協議などをしなければならない場合、自身で対応することがむずかしい場合があります。

さらに判断力が不十分なため、自分に不利益な契約内容でも契約してしまう、あるいは悪徳商法の被害者となる懸念もあります。このような自分で十分な判断をすることができない方（以下「本人」）の権利や財産を守り、法的に支援するための制度が成年後見です。

成年後見制度には、「法定後見制度」と「任意後見制度」の２つの大きな類型（図表４―３）があります。法定後見制度は、すでに判断能力が不十分な方の権利や財産を守る制度です。また、本人の判断能力に応じて、後見型、保佐型、補助型の３つがあります。

一方の任意後見制度は、将来、判断能力が不十分になった場合に備えるための制度です。

法定後見制度を利用するには、本人の住所地を管轄する家庭裁判所に申立てをする必要があります。ここで申立てをすることができる方は本人、その配偶者、四親等内の親族、市町村長などです。

成年後見制度の利用者は20万人を超えている

成年後見制度を利用している人は全国でどれくらいいるか、裁判所の資料（「成年後見関係事件の概況」最高裁判所事務総局家庭局）からたどってみましょう。

まず平成30年12月末時点の成年後見制度利用者総数ですが、21万8142人となっていて、過去5年で見ると平成26年時点の18万人台から継続して増加傾向（図表4―4）にあることがわかります。

さらに同図で成年後見、保佐、補助の別を見ます。平成30年全体を100とすると、「成年後見」78％、「保佐」16％、「補助」5％、任意後見1％となっていて、成年後見が圧倒的に高いことがわかります。

これを毎年の申立件数ベースでみたものが図表4―5で平成30年には3万6549件となっていて、過去5年間を見ても、増加傾向にあるのがわかります。さらに個別に見ると、「後見開始」の申立てが多く、また「保佐開始」、「補助開始」の申立ても増加傾向にあることがわかります。ただし、任意後見開始のために必要な「任意後見監督人選任」の申立ては、平成30年1年間で764件と数そのものが少ないだけでなく。前年比5％減となっています。任意後見の制度をさらに広めていく必要がありそうです。

●図表４－４　成年後見制度利用者数の推移

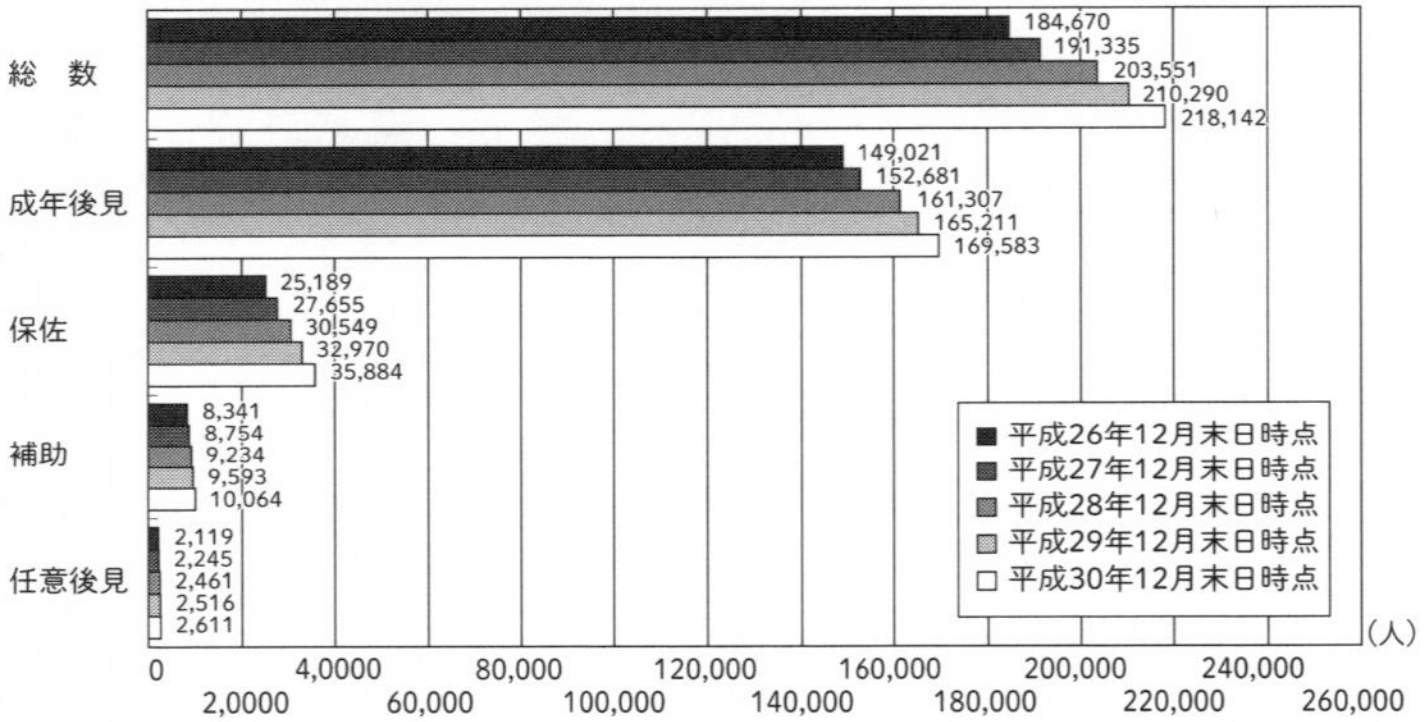

（注）　成年後見制度の利用者とは、後見開始、保佐開始又は補助開始の審判がされ、現に成年後見人等による支援を受けている成年被後見人、被保佐人及び被補助人並びに任意後見監督人選任の審判がされ、現に任意後見契約が効力を生じている本人をいう。

（出典）最高裁判所事務総局家庭局「成年後見関係事件の概況　平成30年１月～12月」

●図表４－５　成年後見申立件数の推移

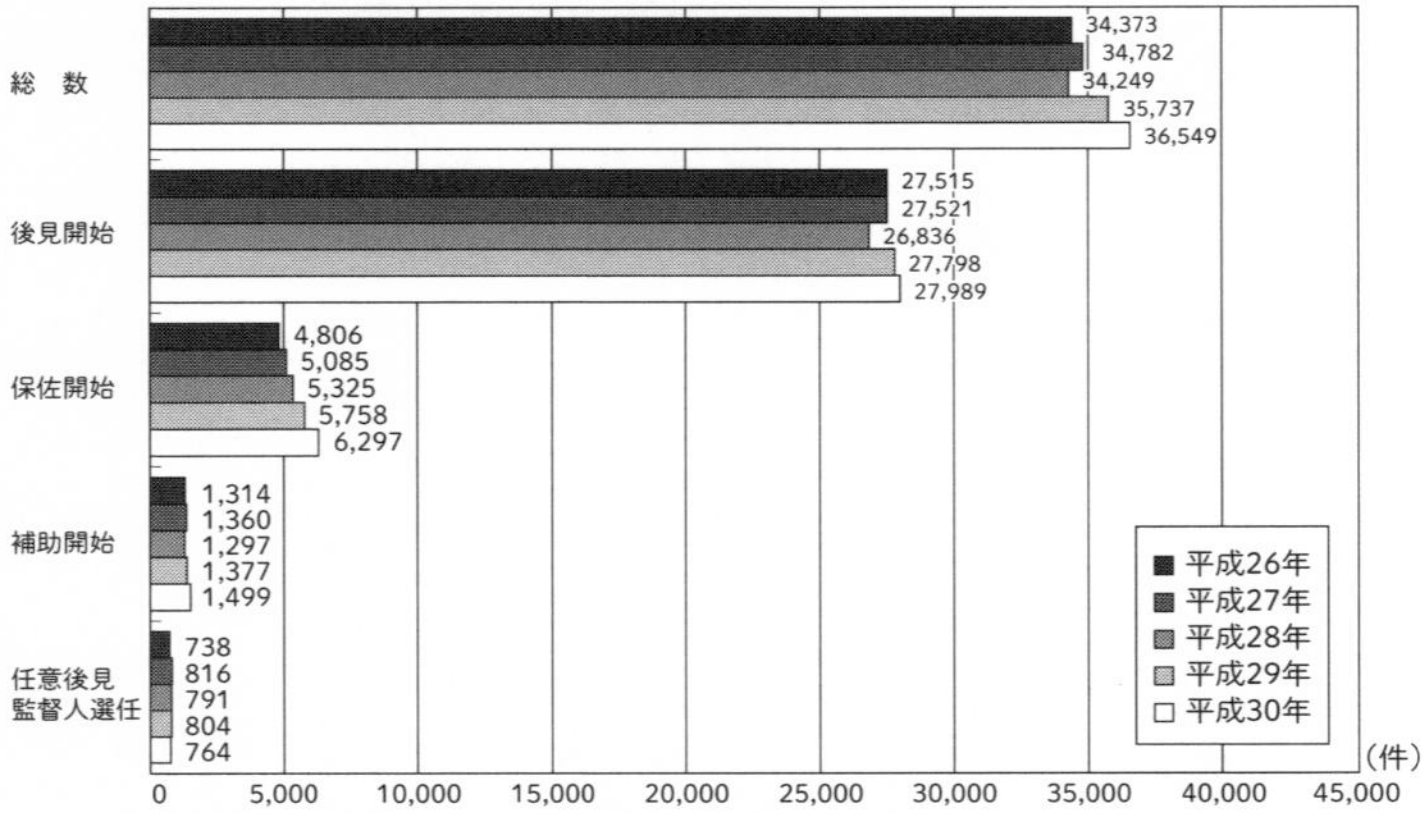

（注）各年の件数は、それぞれ当該年の１月から12月までに申立てのあった件数である。

（出典）最高裁判所事務総局家庭局「成年後見関係事件の概況　平成30年１月～12月」

次に申立人と本人との関係を見たものが、図表4－6（以下、2018年の数字）です。本人が16％、親族が60％（このうち子25％、兄弟12％、配偶者5％などとなっている）で、合計76％は、本人・家族・親族による申立てになっています。

●図表4－6　申立人と本人との関係別件数・割合

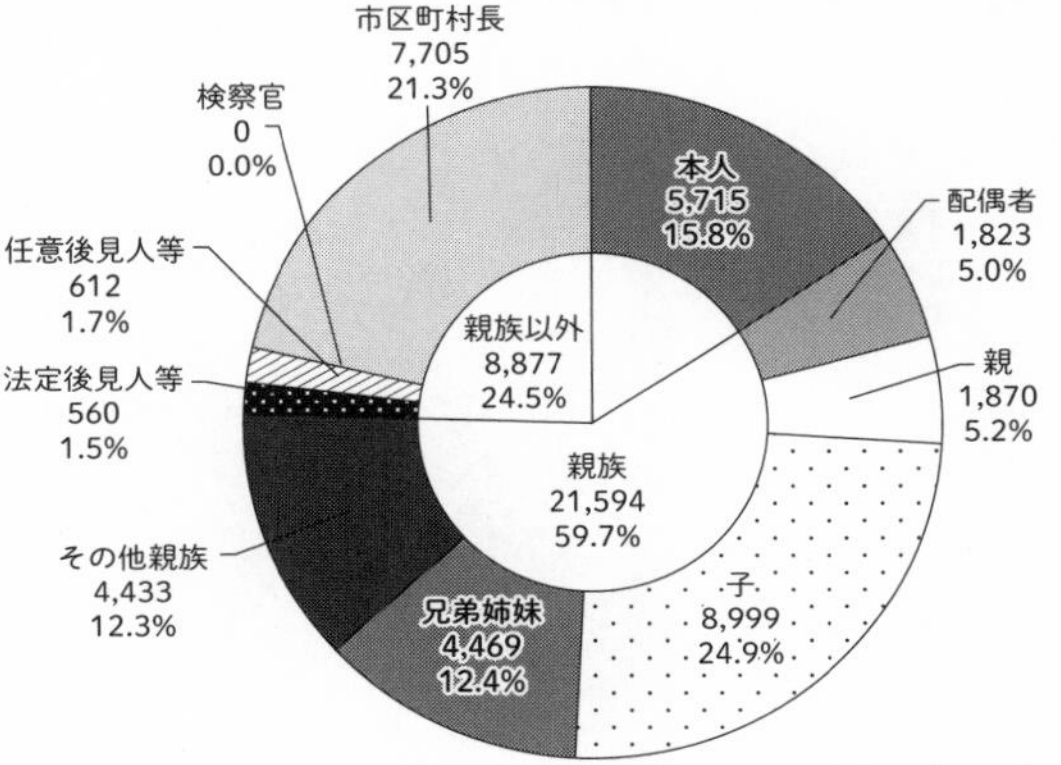

（注１）後見開始、保佐開始、補助開始及び任意後見監督人選任事件の終局事件を対象とした。
（注２）申立人が該当する「関係別」の個数を集計したもの（36,186件）を母数としている。１件の終局事件について複数の申立人がある場合に、複数の「関係別」に該当することがあるため、総数は、終局事件総数（36,127件）とは一致しない。
（注３）その他親族とは、配偶者、親、子及び兄弟姉妹を除く、四親等内の親族をいう。

（出典）最高裁判所事務総局家庭局「成年後見関係事件の概況　平成30年１月～12月」

身寄りのいない本人に代わって市区町村長が申立てを行う

このグラフで注目されるのは、市区町村長による申立てが21％程度あることです。これは一人暮らしのケースで本人が申立てを行うことができず、また家族もいないことから成年後見の申立てを市区町村長が補完して行う必要があるためです。

市区町村長には、申立てをする人がいない認知症高齢者、知的障がい者、精神障がい者の方々のため、法定後見（後見・保佐・補助）開始のための審判の申立権が与えられています。

たとえば、一人暮らしの認知症高齢女性が病院に救急搬送され大腿骨骨折で入院となりましたが、退院後は特別養護老人ホーム等での生活をする必要があるものの、親族等がいません。そのため、高齢女性の住所地の市長が家庭裁判所に成年後見人選任の申立てを行い、成年後見人が選任され、その成年後見人が施設入所契約を行いました。

このような場合、当該市区町村長が老人福祉法の規定に従って、後見開始の審判申立てを行います。これも近年の高齢化と一人暮らし世帯増加という人口構成を反映したものとなっています。

利用者の男女比では女性が多い

●図表４－７　本人の男女別・年齢別割合

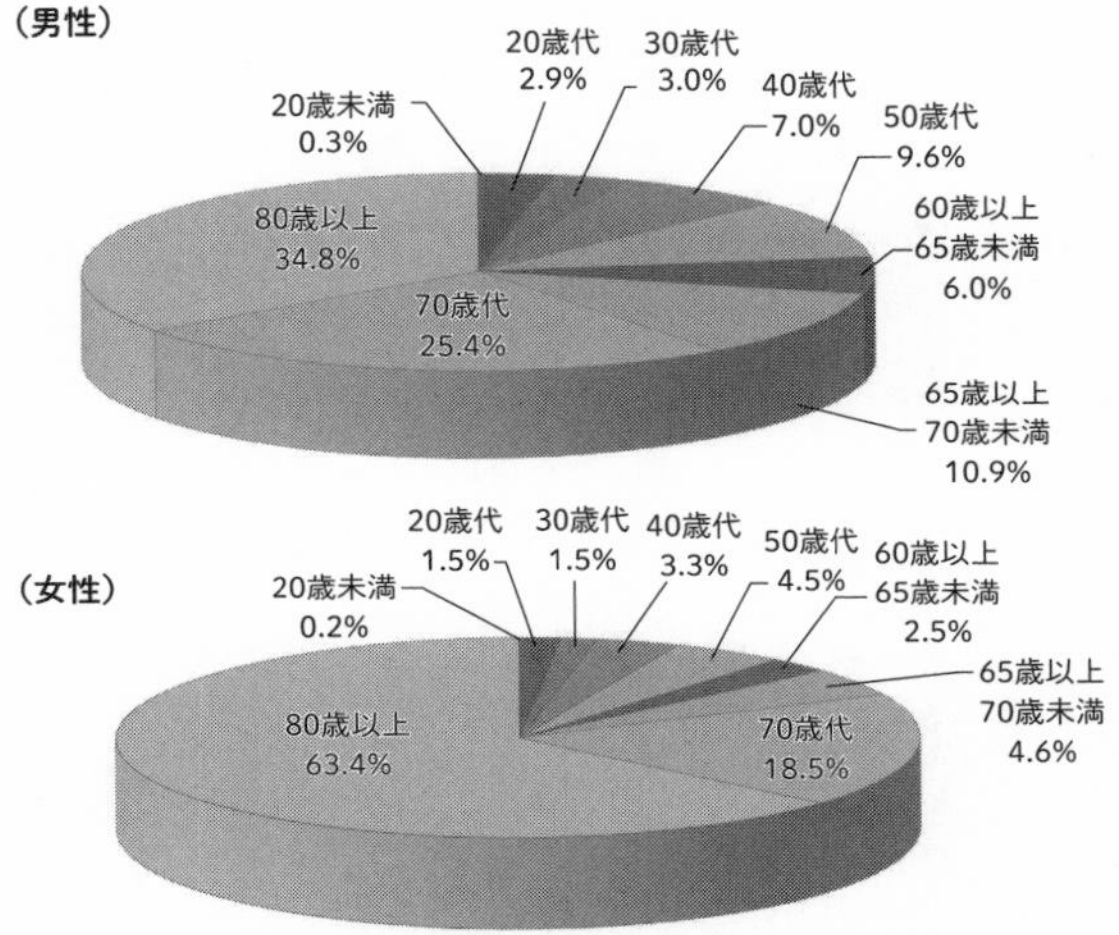

（注）後見開始、保佐開始、補助開始及び任意後見監督人選任事件のうち認容で終局した事件を対象とした。

（出典）最高裁判所事務総局家庭局「成年後見関係事件の概況　平成30年１月～12月」

次に裁判所が認めた事案について、本人の男女別を見ると、男性が約43％、女性が約57％となっています。女性が10％程度高くなっているのが特徴です。これを男女別・年齢別で示したのが図表４－７です。男性の場合は、70歳代が25％、80歳以上が35％となっているのに対して、女性の場合は80歳以上が63％、70歳代が19％にとどまっています。やはり女性のほうが男性に比べ寿命が長いだけでなく、健康寿命もやや長いことが、70歳代が少ないことに関係しているように思われます。

裁判所に対する審判開始原因別に見たのが、図表4―8です。これを見ると、認知症が63％を占め圧倒的に多いことがわかります。そのほか、知的障がい10％、統合失調症9％などとなっています。

次に申立ての動機別に見たものが、図表4―9です。これを見ると「預貯金等の管理・解約」が42％と圧倒的に多くなっています。さらに「身上監護」21％、「介護保険契約」10％、「不動産の処分」9％、「相続手続」8％などとなっています。やはり本人の預貯金をめぐる対応の必要性が高いことがわかります。

そして本人と成年後見人等（成年後見人、保佐人、補助人）の関係ですが、親族が23％、親族以外が77％となっています。さらにその内訳を見たものが図表4―10です。親族では子が半数を占めるほか、兄弟姉妹、配偶者、親などの比率が多くなっています。

一方、親族以外の成年後見人等の構成ですが、司法書士38％、弁護士29％、社会福祉士17％と、この3職種の人たちを合計するとおよそ84％になります。このほか社会福祉協議会、行政書士などが続きます。

●図表４－８　審判開始原因別割合

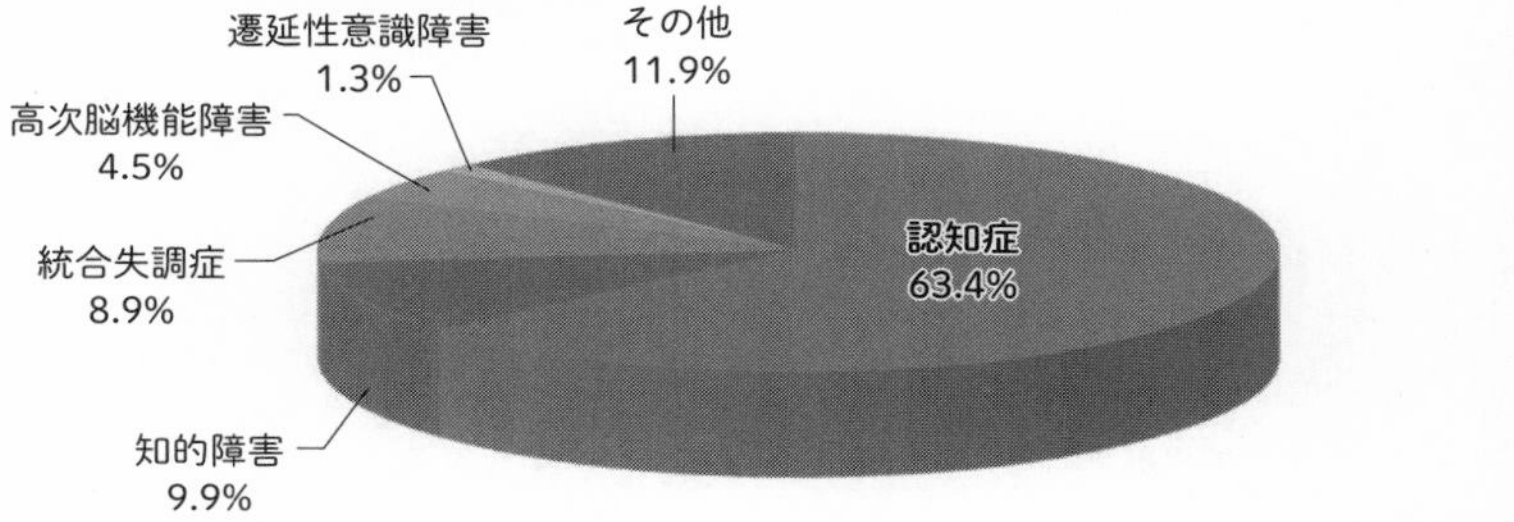

（注１）後見開始、保佐開始、補助開始及び任意後見監督人選任事件のうち認容で終局した事件を対象としている。
（注２）各開始原因は、各事件において提出された診断書等の記載に基づいて分類している。
（注３）開始原因「その他」には、発達障害、うつ病、双極性障害、アルコール依存症・てんかんによる障害等が含まれる。
（注４）開始原因については平成29年から調査を開始している。

（出典）最高裁判所事務総局家庭局「成年後見関係事件の概況　平成30年１月～12月」

●図表４－９　主な申立ての動機別件数・割合

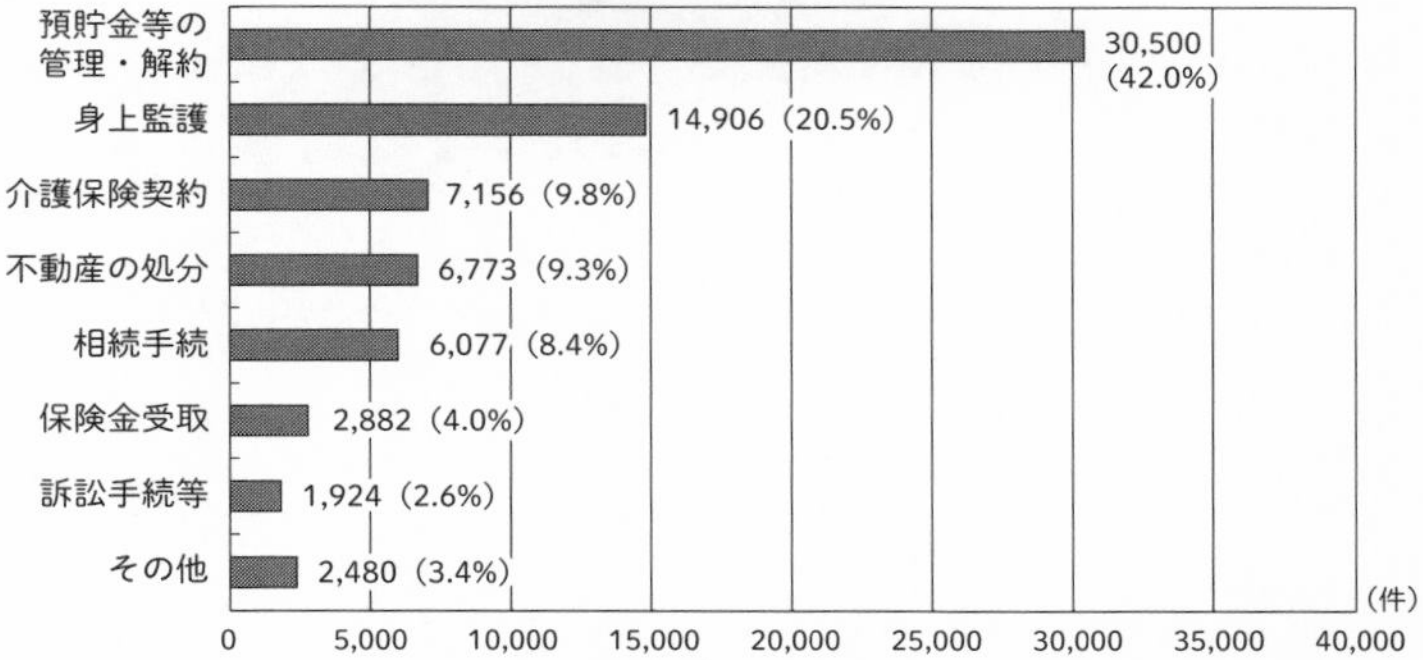

（注１）後見開始、保佐開始、補助開始及び任意後見監督人選任事件の終局事件を対象とした。
（注２）１件の終局事件について主な申立ての動機が複数ある場合があるため、総数は、終局事件総数（36,127件）とは一致しない。

（出典）最高裁判所事務総局家庭局「成年後見関係事件の概況　平成30年１月～12月」

●図表４－10　成年後見人等の内訳

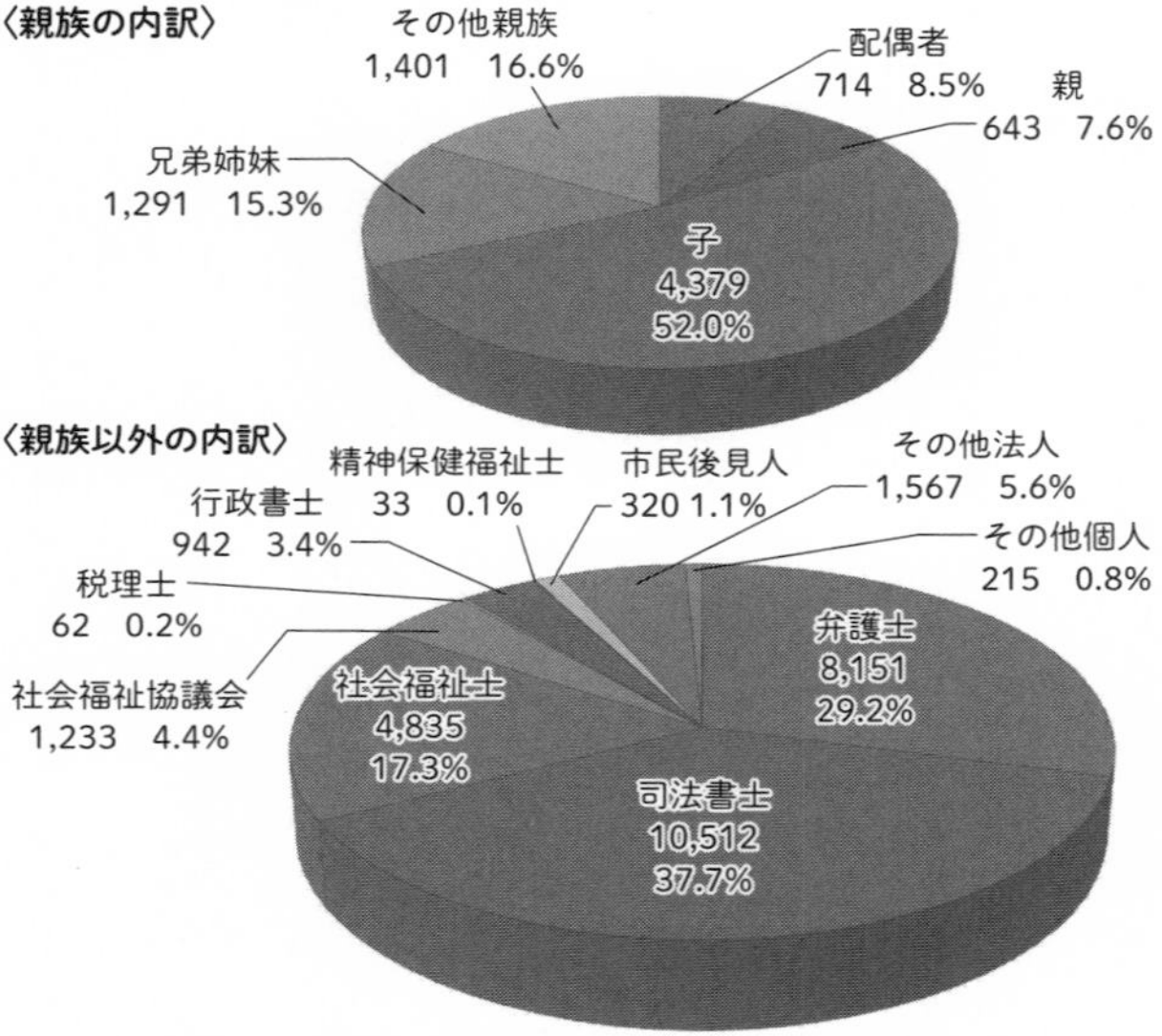

（注１）後見開始、保佐開始及び補助開始事件のうち認容で終局した事件を対象とした。
（注２）成年後見人等が該当する「関係別」の個数を集計したもの（36,298件）を母数としており、１件の終局事件について複数の成年後見人等がある場合に、複数の「関係別」に該当することがあるため、総数は、認容で終局した事件総数（33,864件）とは一致しない。
（注３）その他親族とは、配偶者、親、子及び兄弟姉妹を除く親族をいう。
（注４）弁護士、司法書士、税理士及び行政書士の数値は、各法人をそれぞれ含んでいる（その内訳は、弁護士法人265件、司法書士法人379件、税理士法人０件、行政書士法人５件であった。）。
（注５）市民後見人とは、弁護士、司法書士、社会福祉士、税理士、行政書士及び精神保健福祉士以外の自然人のうち、本人と親族関係（６親等内の血族、配偶者、３親等内の姻族）及び交友関係がなく、社会貢献のため、地方自治体等（※１）が行う後見人養成講座などにより成年後見制度に関する一定の知識や技術・態度を身に付けた上、他人の成年後見人等になることを希望している者を選任した場合をいう（※２、３）。
※１　地方自治体の委嘱を受けた社会福祉協議会、ＮＰＯ法人、大学等の団体を含む。
※２　市民後見人については平成23年から調査を開始しているが、同年及び平成24年の市民後見人の数値は、各家庭裁判所が「市民後見人」として報告した個数を集計したものである。
※３　当局実情調査における集計の便宜上の定義であり、市民後見人がこれに限られるとする趣旨ではない。

（出典）最高裁判所事務総局家庭局「成年後見関係事件の概況　平成30年１月～12月」

後見制度で起こる不正問題

次に成年後見制度の課題についても見ておきたいと思います。本人の資産を成年後見人の人たちが不正に流用しているケースが報告されている事例です。本来、社会的弱者を守り支援すべき人たちが、一部とはいえ本人の資産を使い込んだり流用してしまっているのです。厚生労働省の「成年後見制度の現状」（２０１９年5月）によると、絶対数は少ないものの、平成26年には８３１件の不正がありましたが、年々減ってきてはいますが、平成30年でも２５０件の不正報告（図表４―11）がありました。この場合の年間件数はその年１年間に、家庭裁判所が不正事例に対する一連の対応を終えたとして報告された件数で、不正行為がその年に行われたものではありません。

被害額を見ると、不正報告件数の多かった平成26年には56億７０００万円となっています。平成30年には11億３０００万円まで減少しています。それでも1件当たりの平均被害額は４５２万円となっていますので、決して小さな額ではありません。こうした不正を生まないようにする一つの解決策として、第2章で述べた複数後見や、しんきん成年後見サポート（ＳＫサポート）などの取組みは有効な防止策になっていると思います。

●図表４－11　不正報告件数と被害額

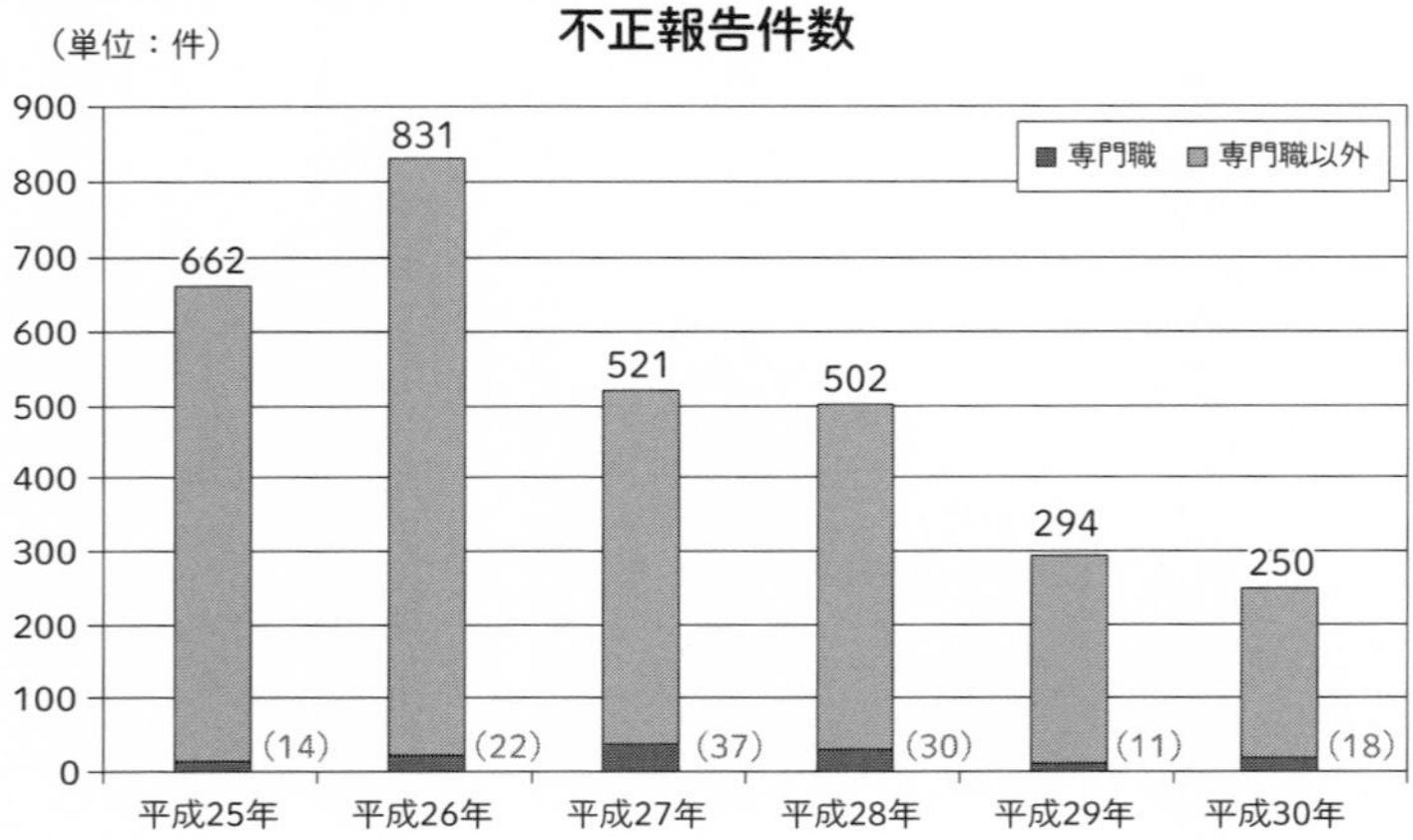

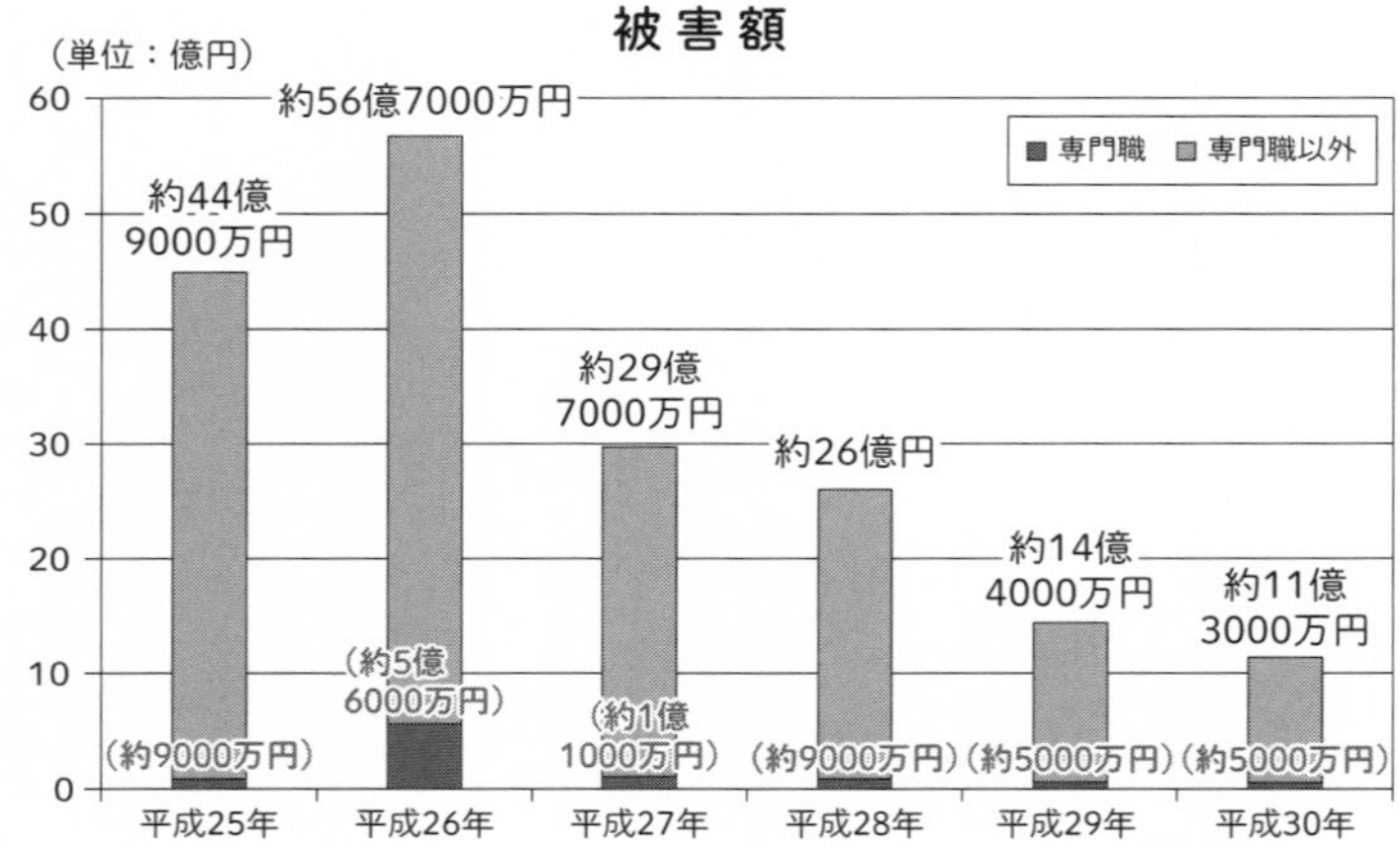

※括弧内の数値は、専門職の内数である。

（注）　「成年後見人等」とは、成年後見人、保佐人、補助人、任意後見人、未成年後見人及び各監督人をいう。

（出典）厚生労働省「成年後見制度の現状」（2019年５月）

法定後見制度の中身①「補助」とは

法定後見制度では、病気や事故などにより判断能力が不十分になった人のために、家庭裁判所が援助者を選び、本人の支援をしていきますが、本人の判断能力の程度により、後見、保佐、補助の三類型にわかれています。

判断能力が欠けているといっても、補助か、保佐か、後見かということは、素人では判断がむずかしいところです。

法務省資料（図表4―12）によると、次のようになっています。まず、「判断能力が不十分な方」を保護・支援するのが「補助」です。

●図表4－12　法定後見制度の概要

	後見	保佐	補助
対象となる方	判断能力が欠けているのが通常の状態の方	判断能力が著しく不十分な方	判断能力が不十分な方
申立てをすることができる人	本人、配偶者、四親等内の親族、検察官など市町村長(注1)		
成年後見人等(成年後見人・保佐人・補助人)の同意が必要な行為	—	民法13条1項所定の行為(注2)(注3)(注4)	申立ての範囲内で家庭裁判所が審判で定める「特定の法律行為」(民法13条1項所定の行為の一部)(注1)(注2)(注4)
取消しが可能な行為	日常生活に関する行為以外の行為	同上(注2)(注3)(注4)	同上(注2)(注4)
成年後見人等に与えられる代理権の範囲	財産に関するすべての法律行為	申立ての範囲内で家庭裁判所が審判で定める「特定の法律行為」(注1)	同左(注1)

(注1)　本人以外の者の請求により、保佐人に代理権を与える審判をする場合、本人の同意が必要になります。補助開始の審判や補助人に同意権・代理権を与える審判をする場合も同じです。

(注2)　民法13条1項では、借金、訴訟行為、相続の承認・放棄，新築・改築・増築などの行為が挙げられています。

(注3)　家庭裁判所の審判により、民法13条1項所定の行為以外についても、同意権・取消権の範囲を広げることができます。

(注4)　日常生活に関する行為は除かれます。

(出典)法務省「成年後見制度～成年後見登記制度～」

これをさらにわかりやすく説明すると、軽度の精神上の障がい（認知症、知的障がい、精神障がいなど）があって、判断能力が不十分である方を保護・支援するための制度です。この制度を使えば、家庭裁判所の審判によって、特定の法律行為について、家庭裁判所が選任した補助人に同意権・取消権を与えることができます。ただし、日用品（食料品・衣料など）の購入は、補助人の同意は必要ありません。また、取消しの対象にもなりません。

なお、補助人に同意権や代理権を与えるには、当事者が同意権や代理権による保護が必要な行為の範囲を特定、そのうえで審判の申立てをする必要があります。この申立ては、補助開始の審判とは別です。補助に関するこれらの審判は、本人自ら申し立てるか、本人の同意が必要となります。

法務省の資料に掲載されている事例を見ていきましょう。補助の事例として次のようなものがあります。高齢の方で最近、家事のささいな失敗が重なっている人がいます。家族が留守にしている昼間、訪問販売員から高額の買い物をしてしまうことも重なるようになりました。そこで、長男が家庭裁判所に補助開始の審判申立てを行いました。合わせて本人が10万円以上の商品を購入する際には、同意権（同意権者の同意なくして行われた行為を取り消すこともできる権利）を持たせてくれるよう申立てを行いました。

その結果、家庭裁判所の審理によって、長男が補助人に選任され同意権が与えられ、補助が開始されました。この結果、本人が補助人である長男に断りなく、10万円以上の買い物をしてしまった場合には、長男はその契約を取り消すことが可能となりました。

法定後見制度の中身②「保佐」とは

次に「保佐」ですが、「判断することが著しく不十分な方」を保護・支援するのが保佐です。

この制度を利用することによって、お金を借りたり、保証人となったり、不動産を売買するなど法律で定められた一定の行為について、裁判所が選任した保佐人の同意を得ることが必要になります。また保佐人の同意を得ないでした行為については、本人または保佐人があとから取り消すことができます。これは「補助」の場合と同様です。さらに日用品の購入など、日常生活に関する行為については、保佐人の同意を必要とせず、また取消しの対象とならない点も補助と同様の扱いとなっています。

次のような事例があります。本人（女性）は夫を亡くしたあと、一人暮らしを続けていました。以前からもの忘れの傾向がありましたが、最近とみに症状が進みました。買物の際に、1万円札か5千円札どちらを出したか、わからなくなることもありました。

日常生活に支障がでてきたため、本人は長男家族と同居することを決めます。当の母親が住んでいる住宅が老朽化していましたので、長男としては今母親の住んでいる土地・建物を売却したいと、保佐開始の申立てをするとともに、あわせてその土地・建物を売却することについて、代理権付与の審判申立てをしました。

この結果、家庭裁判所はこの申立てを認め、長男を保佐人として選任しました。長男は、さらに家庭裁判所から居住用不動産の処分について許可の審判を受けます。そこで長男は、母親の自宅売却の手続きを進めることができました。

法定後見制度の中身③「後見」とは

「後見」とは、精神上の障がい（認知症、知的障がい、精神障がいなど）によって、「判断能力が欠けているのが通常の状態にある方」を保護・支援するための制度です。ですから、補助、保佐と比べると、障がいのレベルがより重い方を保護・支援する制度ということになります。

この制度を利用すると、「補助」「保佐」同様に、家庭裁判所が選任した成年後見人が本人の利益を考えながら、本人を代理して契約などの法律行為を代行します。さらに、本人または成年後見人は本人が行った不利益な法律行為をあとから取り消すことができます。また、「補助」「保佐」と同様ですが、自己決定を尊重する趣旨から、日用品の購入などの日常生活に関する行為については、取消しの対象にはなりません。

後見を利用した具体的な事例ですが、本人は数年前からもの忘れがひどくなりました。会社勤めをしていたのですが、勤務先の直属の部下を見ても誰か、わからなくなりました。社会生活を送ることができなくなったほか、日常生活でも家族の判別がつかなくなりました。症状に改善は見られず、２年前から入院をしています。

ある日のこと、本人の実の弟が交通事故で亡くなりました。本人は弟の財産を相続することになりましたが、弟には負債しか残されていませんでした。困った本人の妻が、相続放棄を決意します。そこで後見開始の審判を申し立てました。

家庭裁判所の審理を経て、夫の財産管理や身上監護を事実上行ってきた妻が、成年後見人に選任されました。その後、妻は相続放棄の手続きをすることができました。

後見監督人がつけられる場合

家庭裁判所が、必要があると認めるときは、職権で後見監督人を選任することがあります。「後見監督人」とはどのような立場で、どのような仕事をするのでしょうか。民法849条は、「家庭裁判所は、必要があると認めるときは、被後見人、その親族若しくは後見人の請求により又は職権で、後見監督人を選任することができる」としています。

後見監督人を選任する必要があると認めるとき、とはどのような場合なのでしょうか。厚生労働省の「成年後見制度の現状」に沿ってそのケースを見ると、後見監督人が必要とされるのは、次のようなケースです。

① 管理する財産が多額、複雑など専門職の知見が必要なとき
② 成年後見人と成年被後見人の利益相反が想定されているとき（遺産分割等）
③ その他、親族後見人に専門職のサポートが必要と考えられるとき

それぞれ通常の後見人だけでは、対応がむずかしいと考えられるケースとなっています。

法定後見を申し立てる手続き

裁判所によって後見制度の適用を認めてもらう審判の手続きの大きな流れは、図表４―13のようになります。申立てから選任までは３～４か月と見ておいたほうがいいでしょう。

まず、「本人情報シート」を福祉関係者（ケアマネジャー、ケースワーカーなど）に作成してもらいます。その後、家庭裁判所指定の「診断書（成年後見制度用）」を主治医に作成してもらうことを求めています。主治医が精神科の医師でなくてもかまいません。

診断書作成の際、作成された「本人情報シート」を医師に渡すとともに、家庭裁判所から「精神鑑定」の依頼があったら引き受けてもらえるかどう

●図表４－13　法定後見の開始までの手続きの流れ

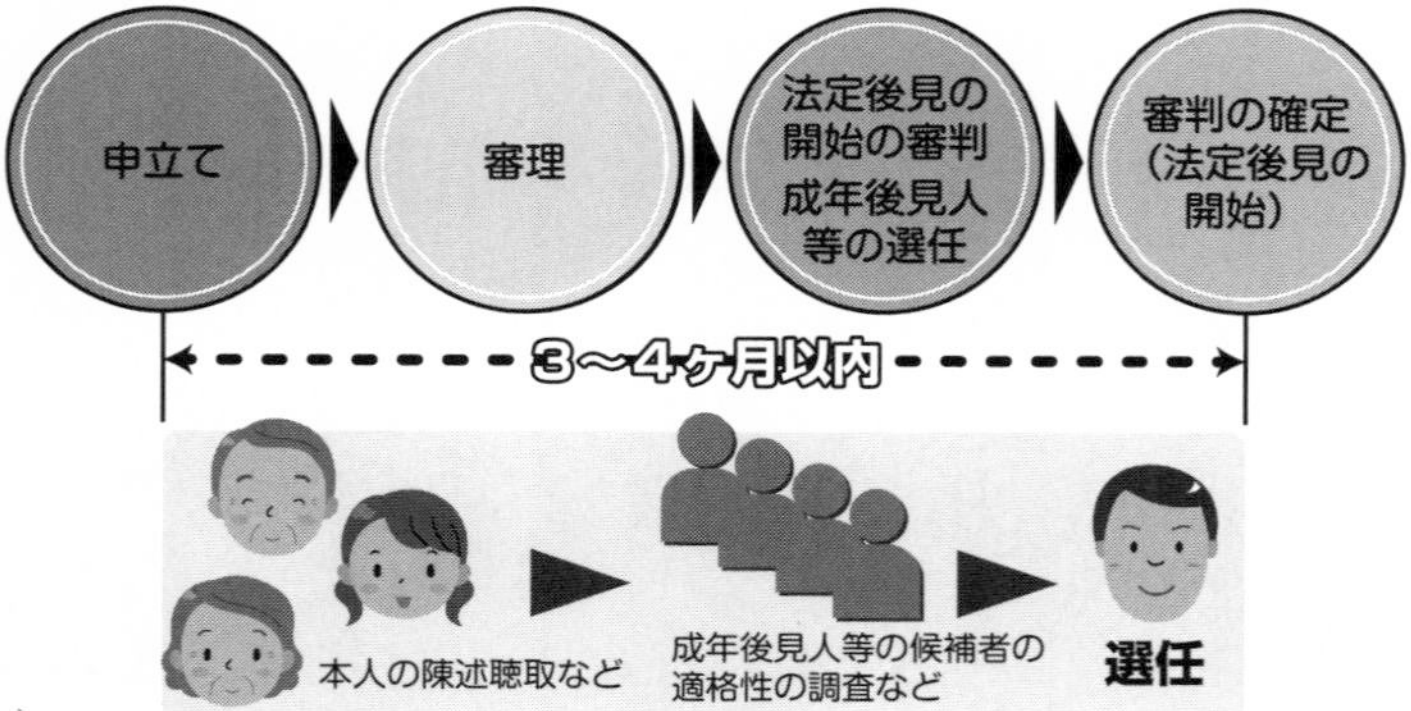

（出典）法務省「成年後見制度～成年後見登記制度～」

かを「診断書付票」に記入してもらう必要もあります。

なお、「契約等の意味・内容を自ら理解し，判断することができる」というのであれば、成年後見の申立てはできません。

申立てができるのは、本人、配偶者、四親等内の親族です。多忙であったり、自分で申立てをするのが不安な場合は、弁護士等に相談するのがよいでしょう。

任意後見制度は将来への備え

任意後見制度は、法定後見制度（後見、保佐、補助）とは異なる制度です。どこが違うかというと、本人が十分な判断能力があるうちに、将来判断能力が不十分な状態になる場合に備えて、自分の選んだ代理人（任意後見人）に代理権を与えるための契約を結んでおくものです。本人が元気で判断能力がしっかりしているうちに、契約を結ぶことがポイントになります。

具体的には、本人は将来の自分の生活、療養看護や財産管理などの事務について、自分が選んだ代理人（任意後見人）と公証人の作成する公証証書で、代理権を与える契約（任意後見契約）を結んでおきます。

やがて本人の判断能力が低下した場合には、任意後見人が任意後見契約で決めた事項について、裁判所に申立てを行い、任意後見人が本人を代理して決められた事務などを行うことができるようになります。

ただし任意後見の場合、家庭裁判所では、申立てを受理すると、任意後見監督人を選任します。任意後見監督人が選任されることで、初めて任意後見契約の効力が生まれます。家庭裁判所に申立てを行える人は、本人、その配偶者、任意後見受任者、四親等内の親族です。

法定後見の場合には、後見監督人は必要に応じて選任されますが、任意後見の場合は、必ず任意後見監督人が選任され、任意後見監督人がいなければ後見活動は開始できません。任意後見の場合、家庭裁判所は任意後見監督人を通じて、任意後見人を監督するという位置づけになります。

任意後見の場合には、任意後見人が任意後見監督人のもとで後見活動を行うことによって、本人の意思に従った適切な保護・支援を行うことが可能となります。

任意後見人が任意後見監督人のもと、後見活動を行う事例として、次のようなものがあります。本人（男性）は、長年にわたり自分の所有するアパートの管理を行ってきました。将来、自分の判断能力が低下した場合に備えて、長女との間で任意後見契約を結んでおきました。

その後しばらくして、本人は脳梗塞で倒れ麻痺が残っただけでなく、認知症の症状が進みました。アパートを所有していることすら、忘れている状況でした。そこで、長女が家庭裁判所に任意後見監督人選任の申立てを行いました。

家庭裁判所の審判を経て、弁護士が任意後見監督人に選任されました。任意後見監督人のもと、長女が任意後見人として、アパート管理を含む本人の財産管理、身上監護に関する事務を行うことができるようになりました。弁護士である任意後見監督人は、長女が行っている事務が適切に行われているかどうかを、定期的に監督しています。

成年後見人が複数任命される場合

成年後見人が複数選任される場合ですが、次のような事例があります。本人（女性）は、夫を亡くしたあと、一人暮らしを続けてきました。10年ほど前から認知症の症状が現れ、最近は症状が重くなっています。見舞いにやってきた長男を亡き夫と間違えるほどです。やがて入院費用の支払いに充てるため、本人の預貯金からお金を引き出す必要に迫られました。そこで、長男と次女が家庭裁判所に対して後見開始の審判を申し立てました。

家庭裁判所の審判の結果、本人について後見が開始されました。近隣に住んでいる長男と次女が成年後見人に選任されました。本人の入院前に２人が身の回りの世話をしていたことも認められました。特に２人の事務分担は定められませんでした。

後見制度を申し立てるための費用の目安

後見制度を利用しようと家庭裁判所に審判の申立てを行う場合の費用は、次の表のようになっています。家庭裁判所に納める収入印紙や切手代など（図表４―14）がかかります。

このほか、ケースによって精神鑑定を求められる場合があります。鑑定料を必要とするケースは、成年後見関係で申立てを受けたもの（終局事件）全体の８％程度です。鑑定の

●図表4－14　法定後見開始の審判の申立てに必要な費用

	後見	保佐	補助
申立手数料（収入印紙）	800円	800円（注1）	800円（注2）
登記手数料（収入印紙）	2,600円	2,600円	2,600円
その他	連絡用の郵便切手（注3）、鑑定料（注4）		

（注1）保佐人に代理権を付与する審判又は保佐人の同意を得ることを要する行為を追加する審判の申立てをするには、申立てごとに別途、収入印紙800円が必要になります。

（注2）補助開始の審判をするには、補助人に同意権又は代理権を付与する審判を同時にしなければなりませんが、これらの申立てそれぞれにつき収入印紙800円が必要になります。

（注3）申立てをされる家庭裁判所にご確認ください。

（注4）後見と保佐では、必要なときには、本人の判断能力の程度を医学的に十分確認するために、医師による鑑定を行いますので、鑑定料が必要になります。鑑定料は個々の事案によって異なりますが、ほとんどの場合、10万円以下となっています。

（注5）申立てをするには、戸籍謄本、登記事項証明書、診断書などの書類が必要です。これらを入手するための費用も別途かかります。（申立てに必要な書類については、申立てをされる家庭裁判所にご確認ください。）

（注6）資力に乏しい方については、日本司法支援センター（愛称「法テラス」）が行う民事法律扶助による援助（申立代理人費用の立替えなど）を受けることができる場合があります。
　詳しくは法テラスの相談窓口（ＴＥＬ 0570－078374《おなやみなし》）へお電話ください。また法定後見制度を利用する際に必要な経費を助成している市町村もあります。詳しくは各市町村の窓口へお問い合わせください。

（出典）法務省「成年後見制度～成年後見登記制度～」

●図表4－15　任意後見契約公正証書の作成に必要な費用

公正証書作成の基本手数料	11,000円
登記嘱託手数料	1,400円
登記所に納付する印紙代	2,600円
その他	本人らに交付する正本等の証書代、登記嘱託書郵送用の切手代など

（出典）法務省「成年後見制度～成年後見登記制度～」

期間は1月以内56％、1月を超え2月以内35％となっています。また、鑑定に必要な費用は、5万円以下が55％、5万円超10万円以下が41％となっています。

後見人などへの報酬額はどのくらい？

後見人になって本人に代わって財産管理や身上監護を行うとなると、当然、報酬が発生します。この点について東京家庭裁判所が２０１３年1月に出した「成年後見人等の報酬額のめやす」がありますので、これをもとに報酬額を見ていきましょう。この「めやす」によると、成年後見人が通常の後見事務を行った場合、基本報酬額として月額2万円としています。ただし管理する財産額が高額な場合には、財産管理事務が複雑、困難になる場合が多いとして、管理財産額が１０００万円を超え５０００万円以下の基本報酬額を月額3万円～4万円、管理財産額が５０００万円を超える場合には、基本報酬額を月額5万円～6万円としています。なお、保佐人、補助人についても基本報酬額は同様です。

また成年後見監督人については、通常の後見監督事務を行った場合の報酬（基本報酬）

として、管理財産額5000万円以下の場合で月額1万円～2万円、管理財産額が5000万円を超える場合には月額2万5000円～3万円としています。保佐監督人、補助監督人、任意後見監督人の場合も同様です。

なお付加報酬として、身上監護などで特別困難な事情があった場合については、こうした基本報酬額の50％の範囲内で相当額の報酬を加えることが認められています。

さらに後見事務を複数で引き受けているような場合、成年後見人等が複数のケースについては、こうした報酬額を分掌事務の内容に応じて適宜の割合で按分するようにとしています。

親族以外が後見人などに任命される場合

成年後見人、保佐人、補助人には、本人のためにどのような保護・支援が必要かといった事情に応じて、家庭裁判所が選任します。本人の親族以外でも、弁護士、司法書士、社会福祉士など法律・福祉の専門職、そのほか福祉関係の公益法人その他の法人が選ばれる場合があります。また複数の成年後見人などを選ぶこともできます。さらに場合によっては、成年後見人を監督する法律の専門職等を成年後見監督人に選ぶ場合もあります。

親族以外の第三者が成年後見人に選ばれる事例については、次のような例があります。本人は約20年前に統合失調症を発症し、10数年前から入院生活を送っていますが、段々と知的能力が低下しています。本人は障害認定１級を受けていて、障害年金を支給されています。家族は母親がいましたが、最近、その母親が亡くなりました。親族は、遠方に住む叔母が一人いるだけです。

このような状況のなか、母が残した自宅やアパートを相続しその管理を行う必要から、叔母が後見開始の審判申立てを家庭裁判所に起こしました。この結果、家庭裁判所の審理を経て、本人の後見が開始されました。ただし叔母は遠方に住んでいることから、成年後見人になることは事実上、むずかしい状況にありました。

主な後見事務は、不動産の登記手続きと管理にあることから、司法書士が成年後見人に選任され、合わせて公益社団法人成年後見センター・リーガルサポートが成年後見監督人に選任されました。

後見人の仕事は財産管理と身上監護

成年後見人などに選任された場合の役割は、本人の意思を尊重し、かつ本人の心身の状態や生活状況に配慮しながら、本人に代わって財産を管理したり、必要な契約を結んだりすることです。そのことによって本人を保護・援助します。本人が誤った判断に基づいて契約をしたような場合には、それを取り消し、本人の利益を守るようにしなければなりません。

また、成年後見人等は、その行う事務や財産管理の状況を家庭裁判所または監督人に報告し、その監督を受けることになります。

品川区社会福祉協議会がまとめた「成年後見人等の仕事」に沿って、後見人の仕事内容を具体的に見ていきましょう。

大きく分けてまず財産管理と身上監護があります。財産管理とは、

① 不動産等の財産の管理、保存、処分など
② 銀行やゆうちょ銀行などの金融機関との取引

③　収入(年金、給与、預貯金、生命保険など)、支出(公共料金、住宅ローン、税金、保険料など)の管理
④　遺産相続、各種行政上の手続き
⑤　権利証や通帳など証書類の保管

その他にも、必要に応じた財産管理を行う必要があります。
一方の身上監護には、以下のような仕事が含まれています。

1　日常生活の見守り
2　入退院の手続き
3　施設入退所契約、介護サービスの契約

その他にも、必要に応じた身上監護を行う必要があります。
なお、次の事項は、成年後見人等の仕事には含まれません。

①　毎日の買い物、食事の支度や部屋の片付け、身体介護
②　マンションなどの賃貸契約の保証人

③ 入院や施設入所の際の身元保証人、身元引受人
④ 病気やけがの治療、手術・臓器提供についての同意
⑤ 本人の本質的（一身専属的）な意思が必要な権利（遺言・養子縁組・認知・結婚・離婚など）

さらに成年後見人などが次の仕事をする場合には、事前に家庭裁判所の許可を得る必要があります。

① 本人の居住用不動産について、売却、建物の取壊し、賃借物件であるときは賃貸借契約の解除をする場合等には、「居住用不動産の処分許可の申立て」が必要です。
② 本人と成年後見人等がいずれも相続人である場合に遺産分割協議をする等、本人と成年後見人等との間に利益が相反する場合、「特別代理人選任（臨時保佐人、臨時補助人）の選任の申立て」が必要です。
③ 成年後見人等が本人の財産から一定の報酬をもらう場合、「報酬付与の申立て」が必要です。

成年後見人はまず本人の財産の状況を明らかにし、本人の預貯金、有価証券、不動産、保険などの内容を一覧表にした「財産目録」を作成し、家庭裁判所に提出します。また、本人の生活のための費用を本人の財産から計画的に支出するために、本人の収入と医療費や税金などの決まった支出を把握して収支の予定を立て、「本人予算収支表」を作成します。

日常の財産管理では、本人の預金通帳などを管理・保管し、本人の財産からの支出を金銭出納帳に記載し、領収書を一緒に保管しておきます。その使途を明確にしておく必要があります。

また必要に応じて、介護サービスの利用契約や、施設への入所契約などを本人に代わって行います。そして家庭裁判所または後見等監督人から求めがあれば、成年後見人等は財産目録、本人予算収支表に通帳コピー等の財産資料を添付して、家庭裁判所または後見等監督人に財産管理状況を報告しなければなりません。

後見人はいつまで続けたらいいのか

では成年後見人等になったら、いつまで続けるべきなのでしょうか。たとえば、申立てのきっかけとなった「保険金を受け取る」とか、「遺産分割をする」といった手続きが終了したとしても成年後見人等の仕事が終わるわけではありません。

また、成年後見人等の仕事をしている間は、家庭裁判所による後見監督を受けます。このため家庭裁判所から求めがあれば、成年後見人等は家庭裁判所に対して後見等事務の報告をする必要があります。

一方、本人の財産を使い込む等、不適切な後見等事務をしたことが確認された場合、その内容の程度によっては、後見人等を解任され、損害賠償、業務上横領等の民事上、あるいは刑事上の責任を問われる場合があります。それだけ重い責任があります。

【第４章 参考資料】

- 金融審議会　市場ワーキング・グループ報告書「高齢社会における資産形成・管理」（２０１９年６月３日）
- 厚生労働省「成年後見制度の現状」（２０１９年５月）
- 最高裁判所事務総局家庭局「成年後見関係事件の概況」（２０１８年１～12月）
- 東京家庭裁判所「成年後見人等の報酬額のめやす」
- 裁判所「成年後見制度についてよくある質問」
- 法務省「成年後見制度Ｑ＆Ａ」
- 品川区社会福祉協議会「成年後見人等の仕事」　ほか

第5章
全国の高齢者が安心して暮らせる社会を目指して

吉原　毅
（城南信用金庫顧問）

社会的ニーズと金融機関の収益性

これからの金融機関は、超高齢社会に対応できること、すべきことをぜひ次から次へとやってほしいと思います。新しいことにチャレンジすべきです。「銀行界は大変だ」とマスコミで盛んに言われていますが、私に言わせれば、やるべきことをやっていないからだと思います。誰でもできるようなことをやっていたのではそうなるのは当たり前です。では何をしなければいけないかということです。

ところが、やったことがない、手間がかかりそうだ、面倒だ、こんなことやりたくない。そんなことだから仕事がどんどんなくなっていっているのが地銀です。信金、信組、農協も含めて、自分たちは何のための会社か、考えてみるべきです。

今、公益事業でいちばん大切でニーズが高いのは高齢者福祉と子どもの教育、そして貧富の格差の是正です。私たちは子ども食堂や高齢者福祉、障がい者福祉にも取り組んでいます。このような分野でやるべきことはいくらでもあります。儲かるか儲からないかはやってみなければわかりませんが、最終的には儲かります。

なぜなら、社会的に必要なことは、結果として収益につながるからです。必要とされないことをいくらやってみても、収益は上がりません。投信や保険を売っても、みんなもうお腹いっぱいになっているのです。

人々がいま困っていることは何かを考えると、全国の高齢者が安心して暮らせる社会を目指すことが第一に挙げられます。それをビジネス化するのがわれわれの仕事であり、新しい分野にチャレンジし、サービスを拡充していくべきです。サービスを拡充すれば、自ずと収益に結びつきます。お金を持っている人が困っているのは、間違いありません。

それにもかかわらず、多くの金融機関がなぜ踏み切れないかというと、上層部に説明できていないのです。まずは、上層部が現状をよく調べることから始めてください。下からの説明を受けないと動けないというのは上層部が間違っているのです。

大局をみて世の中に必要なことをやっていくんだというポリシーを持って進むべきです。上層部がリーダーシップを発揮しないと、結局は、組織としては何もできずに終わってしまいかねません。

高齢者サービスは儲かる事業になる

昨年（二〇一九年）見学に来られた金融機関の7、8割の方は「儲かりますか」と聞かれます。「儲かりません」と答えると、がっかりして帰っていきます。ところが実は、各信金とも最近はだんだん儲かるようになってきています。

社会に役立つことをやっていれば、必ず儲かる、これはスティーヴ・ジョブズも「利益を目的として事業を始めた人で成功した人を私は見たことがない」と言っているとおりです。ジョブズもアップル・コンピュータを作りたい、アイフォン（iPhone）を作りたいという一心で事業をスタートしています。そうすればみんなが喜びます。

みんなが喜べばいずれは儲かるはずですが、最初は儲かるかどうかわからない。でもまずは始めることが大事です。初めから儲けようと考えていてはダメです。

これからの金融機関はといえば、超高齢社会に必要な周辺業務は山ほどあります。目の利いた地銀の経営者などはその辺に気付いています。非常に大きいマーケットです。信託併営の認可を取った地銀も続々現れています。

信託から入っている地銀と異なり、われわれは成年後見から入っています。しかし、成年後見から入っているから信託にもつながります。後見人として活動しているから、結局、複合的にいろいろな機能を強化して、最終的にはネットワークで大きく広がります。たとえばＳＫサポートですが、基本的には社会貢献のための事業ではありますが、取引先の役に立つことを目指し、家族の申立てによる法定後見の手続きと、任意後見の手続きも行っています。

ＳＫサポートでは、会員である5金庫の関連団体として、各金庫の営業店を訪問し、職員の方々と一緒に親身にお客さまの相談に乗り、各種の申請手続きを行うので、高齢顧客に対して万全の安心サービスを提供することができます。

中には、家族を後見人にすると利害関係が強すぎるとして、かえって第三者であるＳＫサポートを後見人に選ぶ方もいます。さらに最近では、複数後見をお勧めしています。子どものいないご年配の方が親御さんを介護するいわゆる老老介護の場合など、ＳＫサポートと親族の複数後見にすれば、万一の際にも安心です。債務者が高齢者の場合、債権管理の観点からも、任意後見の手続きをお勧めしていく必要があります。

「儲からない」と言っているけれど本当に儲からないのかどうか、実は結果として儲かっている。これがしたたかな結論です。

信用金庫はオープンな組織

世間では、信用金庫の顧客といえば、自営業者が中心と思ってらっしゃる方が多いようで、会員でないと取引できないと誤解されている方も少なくありません。しかし、預金についてはどなたでもＯＫです。サラリーマンでも学生でも信用金庫に口座を設けることができます。

また、しんきん安心サポートもＳＫサポートも、信金のお客さまでなくても仕事をお受けしています。

ただ、機能的サービスについては信金に口座がないとできません。ＳＫサポートは城南信金本部の建物の中にありますが、外部に対してはオープンな組織です。こういう利用のしやすさについても、もっともっと広く知っていただく必要があると思っています。

沼津と花巻でも新法人設立。進む全国の信用金庫連携

協同組織金融機関である信用金庫は、「株主の利益」を目的とする銀行とは異なり、「地域社会発展への奉仕」というビジョンを掲げた「公共的な使命」を持った金融機関です。それだけ社会貢献意識も高いといえます。

現に「自分たちの地域でも成年後見法人を設立したい」と、全国からいくつもの金庫がＳＫサポートへ視察に訪れています。すでに２０１７年５月から沼津信用金庫が「一般社団法人しんきん成年後見サポート沼津」を、同年６月には花巻信用金庫が「一般社団法人しんきん成年後見サポート花巻」を発足させており、これから信用金庫業界内での連携協力が進むことが予想されます。

こうした動きを見ると、今後は地域の中で、信用金庫が成年後見の中心となることが最も望ましいと思われます。ＳＫサポートとしても、各地の信用金庫と協力して、全国の高齢者の方々が安心して暮らせる社会実現の一助となるよう、取り組んでいきたいと考えています。

〈編者プロフィール〉

城南信用金庫

1902年（明治35年）７月に徳川幕府の重鎮であり、上総一ノ宮藩最後の藩主であった加納久宜子爵が、地元の困窮する人々を救うために大田区山王の自宅で入新井信用組合を設立。設立の理念は「一にも公益事業、二にも公益事業、ただ公益事業に尽くせ」であった。昭和20年８月に都内・城南地区の15の信用組合が合併して城南信用組合が発足。その後1951年（昭和26年）６月の信用金庫法の施行に伴い同年10月に全国のトップを切って信用金庫に改組。名称を城南信用金庫と改め現在に至っている。

城南信用金庫では「地域の方々の暮らしを守り、地域社会の発展に貢献する」「人を大切にする」「思いやりを大切にする」という金庫創立以来の精神をうけつぎ、地域の発展のために貢献している。

高齢者の資産と生活を守る！
―信用金庫の挑戦

2020年6月1日　初版第1刷発行

編　　集　城南信用金庫
執筆協力　馬場　隆（経済・金融ライター）
発行者　中野　進介
発行所　株式会社　ビジネス教育出版社

〒102-0074　東京都千代田区九段南4－7－13
TEL 03(3221)5361(代表)／FAX 03(3222)7878
E-mail ▶ info@bks.co.jp　URL ▶ https://www.bks.co.jp

印刷・製本／シナノ印刷（株）　本文デザイン・DTP／坪内友季
落丁・乱丁はお取替えします。

ISBN978-4-8283-0822-7